UMA PARIS DOS TRÓPICOS?

Perspectivas da europeização
do Rio de Janeiro oitocentista

VINICIUS CRANEK GAGLIARDO

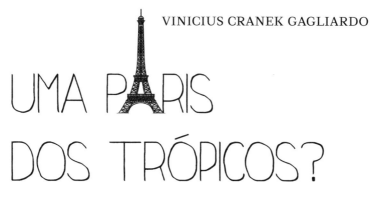

UMA PARIS DOS TRÓPICOS?

Perspectivas da europeização
do Rio de Janeiro oitocentista

Copyright © 2014 Vinicius Cranek Gagliardo

Grafia atualizada segundo o Acordo Ortográfico da Língua Portuguesa de 1990, que entrou em vigor no Brasil em 2009.

Publishers: Joana Monteleone/Haroldo Ceravolo Sereza/Roberto Cosso
Edição: Joana Monteleone
Editor assistente: João Paulo Putini
Projeto gráfico e diagramação: Ana Lígia Martins
Assistente acadêmica: Danuza Vallim
Capa: João Paulo Putini
Revisão: Zelia Heringer de Moraes
Imagem: Nicolas-Antoine Taunay. Largo da Carioca em 1816.

Este livro foi publicado com o apoio da Fapesp

CIP-BRASIL. CATALOGAÇÃO NA PUBLICAÇÃO
SINDICATO NACIONAL DOS EDITORES DE LIVROS, RJ

G156u

Gagliardo, Vinicius Cranek
UMA PARIS DOS TRÓPICOS? : PERSPECTIVAS DA
EUROPEIZAÇÃO DO RIO DE JANEIRO OITOCENTISTA
Vinicius Cranek Gagliardo - 1. ed.
São Paulo : Alameda, 2014
264p. ; 21 cm

Inclui bibliografia
ISBN 978-85-7939-260-3

1. Rio de Janeiro (RJ) - História. I. Título.

14-10906 CDD: 981.53
          CDU: 94(81)

ALAMEDA CASA EDITORIAL
Rua Conselheiro Ramalho, 694 - Bela Vista
CEP: 01325-000 - São Paulo, SP
Tel.: (11) 3012-2400
www.alamedaeditorial.com.br

À minha família.

"Rigorosamente falando, nada há que não possa ser feito de forma 'civilizada' ou 'incivilizada'".

Norbert Elias,
O processo civilizador: uma história dos costumes

SUMÁRIO

O perspectivismo histórico — 11

Perspectivas da europeização — 13

1. Polícia e medicina na colônia — 27

2. Polícia e medicina no século XIX — 87

3. O olhar dos viajantes estrangeiros — 157

Uma Paris dos trópicos? — 239

Referências — 247

O PERSPECTIVISMO HISTÓRICO

Desde pelo menos o segundo quartel do século XIX, acostumamo-nos a tomar o denominado período joanino (1808-1821) como um período de mudanças intensas e extensas da sociedade brasileira, mudanças nos âmbitos cultural, político e econômico. A cidade do Rio de Janeiro, então escolhida como sede da monarquia portuguesa nos trópicos e centro decisório do vasto Império Português, é o exemplo mais contundente e acabado de que dispomos de tal processo. As mais variadas linhas de tradição da historiografia brasileira, por razões muitas vezes diversas, é certo, encontram aí o seu ponto de convergência: é na sede da corte, durante o período joanino, que se pode captar com mais nitidez o início e o desenrolar daquilo que Gilberto Freyre — para tomarmos uma das muitas nomenclaturas possíveis — nomeou: *europeização dos hábitos e costumes* do brasileiro.

A *modernização* do Rio de Janeiro — do modo de vida de seus habitantes — a partir do desembarque de D. João VI está, pois, longe, muito longe, de ser um tema estranho aos pesquisadores (brasileiros e estrangeiros), ao contrário, trata-se de território razoavelmente conhecido e sobremaneira explorado. Daí, paradoxalmente, o mérito e o interesse deste *Uma*

Paris dos trópicos, do historiador Vinicius Cranek Gagliardo. Mapeando uma paisagem deveras conhecida, o autor sutilmente encontrou uma perspectiva nova e instigante para oferecer aos seus leitores.

Ao invés de recorrer a grandes sínteses historiográficas ou a hipóteses supostamente inovadoras, Gagliardo optou por retornar aos coetâneos e dar voz a três grupos sociais do período — médicos, policiais e viajantes estrangeiros —, optou por interrogar o que eles, afinal, tinham a dizer sobre os acontecimentos em que estavam envolvidos.

O resultado é uma perspectiva multifacetada da *paisagem* descrita: por vezes convergente, quando deparamos com o otimismo com que médicos e intendentes de polícia narram as inúmeras intervenções que promoviam no espaço urbano e os sem número de resultados positivos que vinham alcançando no tocante ao aumento da civilidade e da higiene da população carioca; outras vezes contrastante, quando comparamos tais opiniões com aquelas advindas das narrativas de viagem deixadas por europeus, nas quais a mesma civilização e higiene que médicos e autoridades diziam estar implantando na cidade são vistas como artigos raros, artigos aos quais os habitantes dos trópicos ainda demorariam décadas para terem acesso.

Gagliardo, pois, ao retornar aos coetâneos e restituir-lhes — ainda que muito parcialmente — a voz, não tem a intensão de alcançar a verdade dos acontecimentos ou reconstruir o ponto de vista de um observador oitocentista ideal; sua intenção é bem outra, é descrever para o leitor alguns lances de um jogo social, onde se jogava a produção de uma verdade sobre o Rio de Janeiro e sobre os seus habitantes.

Jean Marcel Carvalho França
Professor Livre-Docente de História do Brasil
Unesp/Franca

PERSPECTIVAS DA EUROPEIZAÇÃO

"que a verdade é demonstrada de forma diferente da veracidade, e que esta não é, de modo nenhum, argumento a favor daquela!"

Friedrich Wilhelm Nietzsche,
Aurora: reflexões sobre os preceitos morais

O alvorecer do século XIX marcou o início de um novo momento para a cidade de São Sebastião do Rio de Janeiro, pois, em 1808, o príncipe regente Dom João e sua corte desembarcaram na capital fluminense. Tal acontecimento desencadeou profundos impactos sobre a cidade, que a partir de então deixou sua condição de possessão colonial para consolidar-se como a sede de uma monarquia europeia e de um vasto império. Malgrado o Rio de Janeiro já figurar entre as mais importantes cidades do reino português antes da transladação da família real para o Brasil, principalmente a partir da transferência do vice-reinado em 1763, quando desponta um novo tipo de preocupação com a cidade, a urbe encontrada pela casa de Bragança ao aportar no Novo Mundo não possuía ainda as condições necessárias para abrigar "dignamente" uma família real.

Até então, a aglomeração urbana em que se localizava o principal porto da América portuguesa não podia ser considerada mais do que um mesquinho espaço citadino dotado de elementos pouco civilizados, onde a sociedade caracterizava-se por seus traços essencialmente extra-europeus e patriarcais.[1] De certo modo, quaisquer aspectos da cidade que se tornassem alvo da observação dos fidalgos recém-chegados seriam marcados pela ausência dos padrões de modernização presentes tanto em cidades como Paris e Londres, epicentros das medidas de urbanização que se desenvolviam na Europa, quanto em Lisboa, reconstruída após o terremoto de 1755.

Em vista disso, tornou-se imprescindível para a monarquia lusitana transformar esta cidade colonial ainda sem muitos atrativos na sede da coroa portuguesa, uma sede que deveria ser dotada de padrões de sociabilidade e de civilidade típicos de uma sociedade de corte do Velho Mundo. Assim, coube ao monarca edificar um aparato institucional capaz de adaptar o Rio de Janeiro ao ideal de civilização - ideal resultante do pensamento ilustrado - que se procurava estabelecer nas mais notáveis urbes europeias.[2] Com essa finalidade, o então herdeiro do trono português criou em solo americano algumas instituições que deveriam atender a tais propósitos, como a Intendência Geral de Polícia da Corte e Estado do Brasil, instituída ainda no ano de sua chegada, 1808.

A Intendência de Polícia foi o primeiro órgão criado pelo regente com fins civilizatórios, pois, além de zelar pela manutenção da ordem pública, era encarregada de promover a urbanização e a ordenação da cidade. Nos anos em que serviu a estes desígnios, a Intendência procurou levar a cabo uma verdadeira revolução no perfil da cidade: cuidou das questões relacionadas à salubridade pública, abriu ruas e praças,

---

1   FREYRE, Gilberto. *Sobrados e mucambos*: decadência do patriarcado rural e desenvolvimento do urbano. São Paulo: Global, 2003, p. 139.

2   Cf. CARVALHO, Marieta Pinheiro de. *Uma ideia de cidade ilustrada*: as transformações urbanas da nova corte portuguesa (1808-1821). Dissertação (Mestrado em História) - Universidade Estadual do Rio de Janeiro, Rio de Janeiro, 2003.

Uma Paris dos trópicos? 17

construiu pontes, casas e muitas obras essenciais à infraestrutura citadina, trouxe a iluminação pública, promoveu a inspeção sanitária dos navios que desejavam ancorar no porto da cidade, encarregou-se do recrutamento de indivíduos para desempenhar os afazeres policiais, além de desempenhar um sem número de outras atividades relacionadas ao *policiamento* da cidade, ou seja, à civilização do Rio de Janeiro.[3]

Entretanto, a Intendência Geral de Polícia, gradativamente, deixou de lado as tarefas ditas civilizatórias e passou a priorizar as intervenções de caráter repressivo voltadas para a seguridade pública, uma vez que outras instituições começaram a se ocupar das referidas medidas de civilização.[4] Assim, ao ser transformada, em 1839, na Chefatura de Polícia, a Intendência se abdica, de uma vez por todas, das ocupações relacionadas à urbanização da cidade, resguardando apenas as atribuições relativas à tranquilidade pública e ao policiamento citadino.[5]

No decorrer do Oitocentos, entre as novas instituições que ganharam destaque no processo de civilização da cidade e de seus habitantes, encontra-se a Sociedade de Medicina e Cirurgia do Rio de Janeiro, instituição que, ao ser fundada em 1829, marcou a grande ofensiva da medicina social no

---

3   SILVA, Maria Beatriz Nizza da. "A Intendência-Geral da Polícia: 1808-1821". In: *Acervo*: Revista do Arquivo Nacional, Rio de Janeiro, v. 1, n. 2, julho-dezembro, 1986, p. 187-204.

4   FRANÇA. Jean Marcel Carvalho. *A higienização do povo*: medicina social e alienismo no Rio de Janeiro oitocentista. Dissertação (Mestrado em Sociologia) – Faculdade de Filosofia e Ciências Humanas, Universidade Federal de Minas Gerais, 1990, p. 44.

5   RIOS FILHO, Adolfo Morales de los. *O Rio de Janeiro imperial*. Rio de Janeiro: Topbooks, 2000, p. 131.

Brasil por meio da institucionalização da higiene pública.[6] Encarregada de elaborar um projeto higiênico de intervenção no espaço urbano, a Sociedade propôs uma série de medidas administrativas relacionadas à ordem sanitária, incorporando a cidade e a população ao campo do saber médico, o qual se consolidou, ao longo do século XIX, sempre vinculado à construção da ordem.[7] Entre as medidas tomadas pela Sociedade destaca-se sua participação como consultora do governo: a instituição era encarregada de identificar possíveis focos anti-higiênicos na cidade e de notificá-los às autoridades, cobrando medidas e sugerindo soluções para a resolução dos problemas apontados. Mesmo ao ser transformada, em 1835, na Academia Imperial de Medicina, esta instituição manteve seu projeto de higienização e organização do espaço urbano até 1850, quando então foi criada a Junta Central de Higiene Pública, ocasião em que perde seu papel de conselheira do Estado em relação aos assuntos de saúde pública e ordenação social.

Além da organização de instituições que visavam a modernizar a capital brasileira, o desembarque da família real instigou uma série de outras modificações no cotidiano do Rio de Janeiro, como as que resultaram de uma das primeiras medidas tomadas por Dom João: ainda na cidade de Salvador, primeiro local de parada da corte real ao atingir o Novo Mundo, o monarca abriu os portos do Brasil às nações aliadas à casa de Bragança. Com isso, a coroa aboliu o sistema colonial de restrições comerciais, concedendo aos países ligados

---

6   MACHADO, Roberto *et al. Danação da norma*: medicina social e construção da psiquiatria no Brasil. Rio de Janeiro: Graal, 1978, p. 184-185.

7   COSTA, Jurandir Freire. *Ordem médica e norma familiar*. Rio de Janeiro: Graal, 1989, p. 28.

Uma Paris dos trópicos? 19

à atividade mercantil portuguesa ampla liberdade comercial, bem como pôs fim a uma série de empecilhos referentes à entrada, circulação e permanência de estrangeiros no país, fatores que teriam contribuído para tornar o Rio de Janeiro "um ponto de encontro de estrangeiros distintos".[8]

Estes europeus e norte-americanos que viajaram para a América tropical promoveram um novo "descobrimento"[9] do território brasileiro, tornando-se responsáveis, por meio da publicação de seus livros de viagem, pela construção e divulgação de imagens do Brasil em seus países de origem. De modo geral, os visitantes se preocuparam em descrever desde a fauna e a flora brasileiras até as particularidades da vida social, tanto rural como urbana, refletindo, por comparação com suas experiências vivenciadas em suas terras natais, sobre o cotidiano do grupo local encontrado.[10]

Diante de tal quadro, o objetivo principal deste livro é mapear a convivência de diferentes perspectivas da europeização do Rio de Janeiro, especificamente as visões da polícia, da medicina e dos viajantes estrangeiros, desde a criação da Intendência de Polícia, em 1808, até o momento em que a Sociedade de Medicina perde suas atribuições de ordenação urbana, em 1850, com o intuito de analisar como alguns homens deste período registraram as supostas transformações que deveriam dar ao Rio de Janeiro os contornos de uma "Paris dos trópicos", como por vezes se referiram à cidade

---

8 LIMA, Oliveira. *D. João VI no Brasil*. Rio de Janeiro: Topbooks, 1996, p. 70.

9 HOLANDA, Sérgio Buarque de. "A herança colonial – sua desagregação". In: _____ (dir.). *História geral da civilização brasileira*: o Brasil monárquico. São Paulo: Difusão Européia do Livro, tomo II, v. 1, 1965, p. 11-13.

10 LEITE, Miriam Lifchitz Moreira. *Livros de viagem* (1803-1900). Rio de Janeiro: UFRJ, 1997, p. 15.

certos contemporâneos oitocentistas.[11] Parto da hipótese de que as perspectivas policial e médico-higiênica, formuladas nos registros da Intendência Geral de Polícia da Corte e da Sociedade de Medicina do Rio de Janeiro, teriam arquitetado a imagem do constante progresso da urbe fluminense, em oposição à visão construída pelos viajantes estrangeiros, que pintaram o Rio de Janeiro como uma cidade de aspectos predominantemente coloniais, exóticos e atrasados.

Ao analisar diferentes leituras da europeização do Rio de Janeiro não procuro, de modo algum, identificar quais delas seriam mais ou menos próximas a uma suposta "realidade" do período. Ao contrário, pretendo, sim, evitar o condicionamento da "verdade" dos discursos investigados à "verdade" dos acontecimentos extra-discursivos. Isso porque, retomando a epígrafe nietzschiana citada no início, segundo a qual a veracidade não é, de modo nenhum, argumento a favor da verdade,[12] as perspectivas da europeização da cidade interessam-me na medida em que procuraram se afirmar como legítimas durante a primeira metade do século XIX. Além disso, não acredito na possibilidade de reconstituir plenamente as visões que serão analisadas a seguir, mas apenas que seja possível, através do *corpus* documental selecionado, avaliar uma pequena parcela do que ainda podemos saber sobre como os grupos referidos construíram a realidade para si próprios, ou melhor, como buscaram definir o que deveria ou não ser aceito como verdadeiro. Em vista disso, tenho por objetivo elaborar uma narrativa histórica interessada na convivência de

---

11 FRANÇA, Jean Marcel Carvalho. *Literatura e sociedade no Rio de Janeiro oitocentista*. Lisboa: Imprensa Nacional/Casa da Moeda, 1999, p. 10.

12 NIETZSCHE, Friedrich Wilhelm. *Aurora*: reflexões sobre os preceitos morais. São Paulo: Companhia das Letras, 2004, p. 58.

Uma Paris dos trópicos? 21

diferentes leituras da europeização do Rio de Janeiro durante a primeira metade do Oitocentos, perspectivas que, uma vez que tomo o discurso "como práticas que formam sistematicamente os objetos de que falam",[13] procuraram se estabelecer como verdadeiras.

Mas antes de explicitar estas diversas visões edificadas durante o século XIX, proponho, primeiramente, uma reflexão acerca das condições do Rio de Janeiro colonial, no sentido de mapear qual a cidade encontrada pelos Bragança ao aportar nos trópicos; ou ainda, como São Sebastião foi visto, antes da chegada de Dom João, por aqueles que viveram ou estiveram no Brasil. Esta reflexão, inclusive, abre caminho para a problematização da existência ou não de alguma tentativa mais efetiva de construção da ordem urbana antes do desembarque da corte portuguesa.

Desse modo, o primeiro capítulo terá como objetivo principal analisar a situação da polícia e da medicina no Rio de Janeiro antes de 1808, até porque é preciso que fique clara a mudança de estratégia e de atuação na sociedade destes dois campos de poder após o início do século XIX, precisamente o que justifica a escolha da polícia e da medicina como foco de análise da europeização da cidade. Mas, ao recuar a análise para o período colonial, com especial atenção para o tempo dos vice-reis, não intenciono "restabelecer uma grande continuidade para além da dispersão do esquecimento",[14] na busca infindável de uma "origem" colonial que permitiria compreender os discursos e as práticas policiais e médicas oitocentistas. Pretendo, ao contrário, uma análise "genealógica", nos

---

13 FOUCAULT, Michel. *A arqueologia do saber*. Rio de Janeiro: Forense Universitária, 2007, p. 55.

14 FOUCAULT, Michel. "Nietzsche, a genealogia e a história". In: _____. *Microfísica do poder*. Rio de Janeiro: Graal, 2008, p. 21.

moldes propostos por Nietzsche e Foucault, em que investigar os anos que precederam o desembarque da corte joanina visa a demarcar uma descontinuidade prática e discursiva que se estabeleceu a partir do Oitocentos nos campos da polícia e da medicina, identificando a "emergência" de novos significados, de novas forças que procuraram se apoderar de um "sistema de regras que não tem em si significação essencial e lhe impor uma direção, dobrá-lo a uma nova vontade, fazê-lo entrar em um outro jogo e submetê-lo a novas regras".[15]

Nesse sentido, algumas questões mereceram destaque no direcionamento do primeiro capítulo: qual o campo de atuação da polícia e da medicina antes da chegada de Dom João? Quais as preocupações da polícia e da medicina no período colonial? Em que condições urbanas viviam os moradores? Já havia alguma tentativa de ordenação da urbe? Qual a relação dos habitantes locais com a violência e a criminalidade urbanas? Há algum tipo de controle sanitário do Rio de Janeiro neste período? E, sobretudo, que percepção tiveram do Rio de Janeiro aqueles que estiveram na cidade antes da chegada da corte?

Depois de refletir sobre a situação da polícia e da medicina no período colonial e sobre sua relação com a cidade, passarei, no segundo capítulo, à análise das transformações do Rio de Janeiro após 1808, a qual se concentrará, de maneira geral, na atuação da polícia e da medicina no processo de europeização de São Sebastião, tendo em vista suas novas atribuições, que suscitaram práticas de poder centradas em estratégias inéditas de controle e normatização do espaço social. Para isso, privilegiei as instituições citadas anteriormente: a Intendência Geral de Polícia e a Sociedade de Medicina do Rio de Janeiro. Assim, pretendo analisar a emergência de

---

15   *Ibidem*, p. 26.

inovações na configuração da polícia e da medicina em relação ao modelo colonial, identificando o novo tipo de intervenção, característico destas duas instituições, que se estabelecerá no século XIX: o civilizatório. Em seguida, tratarei propriamente da análise dos registros dos editais da polícia e dos periódicos médicos, objetivando mapear o projeto de europeização da cidade a que estes dois tipos de poder se atrelaram durante o Oitocentos. No entanto, é preciso esclarecer que não é minha intenção construir uma história destas duas instituições. Apesar de avaliar parte de seus métodos de intervenção social, isto só será feito na medida em que reconhecê-los signifique identificar o modo pelo qual foram propostas as inovações urbanas pela Intendência e pela Sociedade.

No terceiro capítulo, a análise incidirá sobre a visão dos viajantes estrangeiros do processo de urbanização e do grau de civilização do Rio de Janeiro construída em seus livros de viagem, perspectiva que ganhará contornos bastante diferentes daquelas traçadas pelas autoridades policiais e pelos médicos. Todavia, antes de tratar propriamente das descrições dos visitantes, farei uma análise sobre a presença estrangeira em São Sebastião, refletindo sobre os seguintes pontos: qual a relação dos visitantes com a cidade antes e depois de 1808? Qual a importância do aumento do número de estrangeiros que passaram a circular no Rio de Janeiro após o desembarque da corte? Quais são as características das narrativas de viagem antes e depois da abertura dos portos? Quais são os tipos de descrições presentes nos escritos dos viajantes?

Em relação aos livros de viagem, estipulei como critério de seleção a sua não composição, originalmente, em língua portuguesa. Isto se deve ao fato de que a perspectiva dos viajantes que será mapeada no último capítulo deve atender à seguinte exigência: ao contrário das leituras da cidade construídas pelas autoridades policiais e pelos médicos, a dos viajantes não deve ser formulada por nenhum português ou brasileiro que integraria, até 1822, o império lusitano e, após esta data, o Brasil independente. Procurei esquadrinhar aí, por um lado, a visão de homens que, na maioria das vezes, possuíam interesses no progresso do território – polícia e medicina – e, por outro lado, a perspectiva de indivíduos – viajantes estrangeiros – que, quase sempre, estavam apenas de passagem ou desejavam, simplesmente, conhecer e observar o até então incógnito Novo Mundo.

Por fim, antes de encerrar esta breve introdução, gostaria de agradecer a algumas pessoas e instituições que tornaram possível a escrita e a publicação deste livro, originalmente defendido como uma dissertação de mestrado. Em primeiro lugar, agradeço ao professor Jean Marcel Carvalho França, cuja orientação foi fundamental para o resultado final deste trabalho. Agradeço também aos professores Nelson Schapochnik e Pedro Geraldo Tosi, pelos caminhos propostos à pesquisa e pelas questões apresentadas durante o exame geral de qualificação. Não poderia deixar de mencionar a enorme contribuição dada pela professora Lúcia Maria Bastos Pereira das Neves e pelo professor Ricardo Alexandre Ferreira, por meio das indispensáveis críticas e sugestões elaboradas durante a defesa do trabalho. Importante também foi a ajuda dos amigos Renato Aurélio Mainente, com a leitura e revisão do texto original, e Marcelo Raimundo da Silva, com o auxílio e hospedagem dados durante a aquisição da documentação no Rio de Janeiro. Minha gratidão também se estende aos funcionários da Biblioteca Nacional do Rio de Janeiro, do Arquivo Nacional do Rio de Janeiro, do Arquivo Edgar Leuenroth/ Unicamp, da Biblioteca da Faculdade de Ciências Médicas/ Unicamp, da Biblioteca do Instituto de Estudos Brasileiros/

USP, da Biblioteca da Faculdade de Filosofia, Letras e Ciências Humanas/USP e da Biblioteca da Faculdade de Ciências Humanas e Sociais/Unesp-Franca. Finalmente, gostaria de agradecer à Coordenação de Aperfeiçoamento de Pessoal de Nível Superior (CAPES), pela bolsa de mestrado que possibilitou a realização desta pesquisa, e à Fundação de Amparo à Pesquisa do Estado de São Paulo (Fapesp), pelo auxílio concedido que permitiu a publicação deste livro.

1. POLÍCIA E MEDICINA NA COLÔNIA

"Então as famílias faziam os seus farnéis, convidavam os amigos e na tarde da véspera dos dias sem trabalho, lá iam para Mata-Cavalos ou para a Gamboa, como atualmente se vai para Petrópolis e para Nova Friburgo. Aqueles lugares eram solidões, retiros mal povoados, para onde não havia ruas, e apenas azinhagas difíceis, e tinham fama de perigosos pela lembrança dos roubos e assassinatos que algumas vezes ali fácil e impunemente se davam".

"A descrença da justiça pública inspirava a vindita particular e um homem honrado, perdendo a razão pela impunidade do perverso algoz de sua honesta filha, ia ser criminoso de assassinato".

"Bem poucos, bem raros eram aqueles que tinham suas famílias morando em chácaras, e entre esses contava-se Jerônimo, que provavelmente, como os outros, assim procedia pelo justo receio da insalubridade e das moléstias contagiosas que com freqüência eram o flagelo da cidade. Duas causas principais contribuíam para empestar a capital do Brasil: a vala que deu tão feio nome à rua que apenas ultimamente recebeu o de Uruguaiana, em lembrança de outra importante vitória, era vala aberta, imunda, que servia para escoamento das águas e para despejos, sendo, portanto, foco perene de infecções".

Joaquim Manuel de Macedo,
As Mulheres de Mantilha: romance histórico

Durante o período colonial, o sistema produtivo instituído pela coroa portuguesa, que privilegiou o desenvolvimento de uma economia essencialmente agrária e de exportação, acabou por desprestigiar a formação de núcleos urbanos no Brasil.[1] Excetuando-se as cidades litorâneas em que se encontravam os principais portos, a cidade de São Paulo e as concentrações urbanas resultantes das zonas de mineração, que se tornariam as mais importantes urbes em fins dos tempos coloniais, a situação da América portuguesa era

---

1   Como diz Sergio Buarque de Holanda, "não devia ser muito favorável às cidades a comparação entre a vida urbana e a rural". Segundo o autor, "ainda durante a segunda metade do século XVIII persistia bem nítido o estado de coisas que caracteriza a nossa vida colonial desde os seus primeiros tempos. A pujança dos domínios rurais, comparada à mesquinhez urbana, representa fenômeno que se instalou aqui com os colonos portugueses, desde que se fixaram à terra". HOLANDA, Sergio Buarque de. *Raízes do Brasil*. São Paulo: Companhia das Letras, 1995, p. 91.

predominantemente rural, prevalecendo as grandes propriedades latifundiárias, comandadas pelas famílias senhoriais.[2] Devido à política de ocupação do território praticada pela corte lusitana, que transferiu à iniciativa privada o encargo de povoar os trópicos, os colonos impuseram à terra a ordem social que lhes pareceu mais adequada aos seus interesses, governando, em larga medida, de acordo com suas vontades durante os três primeiros séculos de colonização. À metrópole coube o papel de controlar os excessos dos colonos quando seus interesses destoavam dos da monarquia portuguesa. Desse modo, a família latifundiária, estruturada em torno dos senhores de engenho, acumulou, no decorrer do tempo, uma quantidade de poder que passou a rivalizar com o poder da coroa. Foi em razão desta situação que os mesmos senhores rurais criaram os primeiros núcleos urbanos no Brasil, imprimindo suas marcas em toda a estrutura citadina colonial, moldada como extensão da grande propriedade e meio de afirmação das famílias rurais.[3] Assim, durante o século XVIII, as cidades tornaram-se o principal centro de contestação dos interesses metropolitanos, obrigando Portugal, que até então havia sido bastante negligente em relação à política de povoamento e de urbanização do Brasil, a investir em medidas que reconduzissem as cidades à antiga ordem colonial, despertando um novo tipo de interesse pelas urbes de suas possessões da América.[4]

Na segunda metade do Setecentos, o exemplo mais significativo deste novo interesse da metrópole pelas cidades foi

---

2   COSTA, Emília Viotti da. *Da monarquia à república*: momentos decisivos. São Paulo: Editora Unesp, 2007, p. 236.
3   COSTA, Jurandir Freire. *Ordem médica e norma familiar*. Rio de Janeiro: Graal, 2004, p. 36-39.
4   Ibidem, p. 19-20.

São Sebastião do Rio de Janeiro, interesse que não se deu somente pelo perigo da contestação vindo da cidade. Na verdade, desde o início do século XVIII, o Rio de Janeiro transformara-se no centro de controle dos objetivos da metrópole na América, protagonizando o papel de grande articulador da região centro-sul da colônia, tanto devido à sua posição estratégica nos conflitos fronteiriços com a Espanha, na região sul do Brasil, como pela situação de seu porto, o mais bem localizado para a exportação da produção aurífera.[5] É esta centralidade do Rio de Janeiro que foi reforçada com a transferência da capital do Brasil e o estabelecimento da sede do vice-reinado,[6] em 1763, para a cidade fluminense;[7] posição

---

5   BICALHO, Maria Fernanda. *A cidade e o império*: o Rio de Janeiro no século XVIII. Rio de Janeiro: Civilização Brasileira, 2003, p. 84-85.

6   Foram os seguintes os sete vice-reis do Brasil: Antônio Álvares da Cunha, o Conde da Cunha (1763-1767); Antônio Rolim de Moura Tavares, Conde de Azambuja, (1767-1769); Luiz de Almeida Portugal Soares d'Eça Alarcão Silva Mascarenhas, 2° Marquês de Lavradio (1769-1779); Luiz de Vasconcelos e Souza (1779-1790); José Luiz de Castro, 2° Conde de Rezende (1790-1801); Fernando José de Portugal (1801-1806); e Marcos de Noronha e Brito, 8° Conde dos Arcos (1806-1808). BARRETO FILHO, Mello; LIMA, Hermeto. *História da polícia do Rio de Janeiro*: aspectos da cidade e da vida carioca (1565-1831). Rio de Janeiro: Editora S. A. A Noite, 1939, p. 81.

7   Cabe ainda complementar que, de acordo com Maria Fernanda Bicalho, a transferência da sede do vice-reinado para o Rio de Janeiro não se deu apenas devido a sua posição na América portuguesa, mas em relação a sua centralidade em todo o Império português, dentro do quadro da geopolítica ultramarina e das disputas continentais europeias, uma vez que estas ameaçavam a própria preservação dos territórios coloniais no ultramar. Segundo Bicalho, "pela primeira vez na história da Europa os embates pioneiros e precursores dos conflitos continentais tiveram como palco privilegiado o espaço marítimo

central que o Rio de Janeiro manteria durante todo o século XIX, principalmente após o estabelecimento da monarquia na cidade, evento que desencadeou um processo de "reeuropeização" da América portuguesa, renovando e ampliando o contato do Brasil com a Europa e transformando sua paisagem social que se encontrava "com muita coisa de asiático, de mourisco, de africano: os elementos nativos deformados num sentido francamente oriental e não puramente português".[8]

Com isso, ao recuar o olhar aos anos anteriores à transmigração da família real ao Brasil, sugere-se que a transferência do vice-reinado para o Rio de Janeiro, em 1763, inaugurou um novo tipo de preocupação com a cidade, pois, como afirma Jurandir Freire Costa, "datam dessa época os primeiros esforços sistemáticos para controlar a cidade e a população em função dos interesses do Estado".[9]

A despeito de seu grau de urbanização, fato é que o Rio de Janeiro passou a ocupar uma posição estratégica durante todo o século XVIII, posição que determinou um novo tipo de atenção com esta região por parte da metrópole, dando início a um período, em comparação com o restante do período colonial, de maior cuidado com a cidade. No entanto, tal centralidade da urbe não atraiu somente a atenção de Portugal, atraiu também a cobiça de outras nações europeias,

---

colonial. [...] Assim, em meados do século XVIII, os conflitos extracontinentais, ou seja, ultramarinos e coloniais, ganhavam vida própria, antecedendo e em parte determinando a própria guerra no território europeu, perdurando para além das negociações propriamente continentais". BICALHO, Maria Fernanda. *A cidade e o império*, p. 70.

8   FREYRE, Gilberto. *Sobrados e mucambos*: decadência do patriarcado rural e desenvolvimento do urbano. São Paulo: Global, 2004, p. 430.

9   COSTA, Jurandir Freire. *Ordem médica e norma familiar*, p. 20.

Uma Paris dos trópicos?   33

o que intensificou as ameaças aos interesses portugueses no Atlântico e à própria segurança da cidade e de seus habitantes, constantemente tomados pelo medo de uma invasão de seus domínios.¹⁰ Desde sua fundação, o Rio de Janeiro viveu cercado por rumores acerca da invasão de seu território por inimigos estrangeiros, motivo pelo qual a preocupação com a segurança externa esteve sempre presente na sua construção e desenvolvimento.¹¹ Franceses, holandeses e ingleses foram considerados os principais inimigos a combater, pois eram potenciais invasores dos domínios ultramarinos lusitanos.¹² Por ser uma cidade portuária e por seus maiores oponentes se encontrarem do outro lado do Atlântico, naturalmente o maior perigo para o Rio de Janeiro vinha do mar. No entanto, os portos coloniais portugueses no Brasil fizeram-se parada obrigatória para qualquer embarcação que velejasse em direção às Índias, uma vez que as condições de navegação impostas pelos ventos e correntes marítimas deslocavam as naus rumo à

---

10   BICALHO, Maria Fernanda. *Op. cit.*, p. 181.

11   Na verdade, a própria fundação da cidade foi decorrente da ocupação da região por estrangeiros, ocupação que ficou conhecida como a França Antártica. Comandados pelo vice--almirante da Bretanha, Nicolau Durand de Villegaignon, os franceses se estabeleceram na região da Guanabara em 1555. Depois de algumas tentativas de rever o território, Portugal enviou uma expedição para expulsar os franceses do Brasil e dar início a colonização do local. Desse modo, Estácio de Sá, comandante da frota, funda, em 1° de março de 1565, a cidade do Rio de Janeiro, dando início à expulsão dos franceses, que só se concretizaria em 1567. CRULS, Gastão. *Aparência do Rio de Janeiro*: notícia histórica e descritiva da cidade. Rio de Janeiro: José Olympio, v. 1, 1965, p. 27-47.

12   CAVALCANTI, Nireu. *O Rio de Janeiro Setecentista*: a vida e a construção da cidade da invasão francesa até a chegada da Corte. Rio de Janeiro: Zahar, 2004, p. 42.

América, fazendo com que aqueles navios que necessitassem de água limpa, mantimentos, tratamento dos doentes, reparos estruturais por danos causados pelas longas travessias ou qualquer outra providência indispensável ao prosseguimento da viagem estacionassem nos portos das cidades brasileiras por alguns dias.[13] É neste ponto que se instaurava o perigo, ou melhor, o medo: a cada aparição de um ou mais navios na entrada da baía de Guanabara, a população do Rio de Janeiro era acometida pelo temor de um ataque estrangeiro; como salienta o historiador Nireu Cavalcanti:

> [...] por isso, a cada embarcação que apontava na entrada da baía, a primeira reação era de ansiedade e dúvida: quem vinha lá? Amigo ou inimigo? Se embarcação inimiga, reacendiam-se o medo, a angústia e o pânico; se amiga, o alívio e a alegria. Nesse balouço dos humores das relações diplomáticas, nesse pendular sentimento de amizade e ódio, cresceu a população, e com ela a cidade. Não é outra a razão de, na encruzilhada de um partido urbanístico a ser tomado, ter prevalecido o viés militar da fortificação e da defesa; e, no planejamento das políticas e das ações públicas, ter dominado a preocupação com a segurança interna e externa da região.[14]

Desse modo, o Rio de Janeiro teve sempre como pano de fundo do seu crescimento o cuidado com a defesa e a segurança da região citadina frente aos possíveis ataques dos inimigos dos portugueses. O seu projeto urbanístico, desde os primórdios da colonização, sempre contemplou a construção

---

13   BICALHO, Maria Fernanda. *A cidade e o império*, p. 113.
14   CAVALCANTI, Nireu. *O Rio de Janeiro Setecentista*, p. 42.

de fortalezas e muralhas espalhadas por pontos estratégicos da malha urbana, bem como a organização de regimentos e tropas militares, aspectos que despertaram ainda mais atenção após as invasões francesas de Duclerc (1710) e Duguay-Trouin (1711). Isso ocorreu porque, se na primeira invasão parecia que o Rio de Janeiro era capaz de suportar as investidas estrangeiras, vencendo e aprisionando Duclerc e seus aproximadamente mil comandados, o mesmo não se deu durante o ataque de Duguay-Troin: melhor preparado, com seus dezessete navios e cinco mil homens bem armados, o francês sitiou a cidade por cerca de quarenta dias. Assim, em razão do constante medo de uma nova invasão, a São Sebastião do século XVIII foi aparelhada pela metrópole com um sistema defensivo muito mais portentoso do que aquele que havia até então nas cidades coloniais brasileiras; o que não significa, necessariamente, que tal política tenha sido eficiente.[15]

Quando o Rio de Janeiro tornou-se sede do vice-reinado, em 1763, apesar dos esforços empreendidos durante o Setecentos para dotar a urbe de um poderio militar maior em relação ao encontrado por Duclerc e Duguay-Troin, as defesas locais ainda eram consideradas frágeis para deter um ataque inimigo. O primeiro vice-rei, Conde da Cunha, descreve, em sua correspondência com Portugal, a decadência das fortificações encontradas quando tomou posse do governo, afirmando que visitou "as fortalezas deste porto e todas elas precisam de reforma, assim nas muralhas como nos reparos de artilharia".[16] A mesma precariedade estrutural podia ser percebida na organização das tropas, que enfrentavam dois

---

15 CRULS, Gastão. *Aparência do Rio de Janeiro*, v. 1, 1965, p. 133-146.
16 "Correspondência do Conde da Cunha". In: *Revista Trimestral do Instituto Histórico e Geográfico Brasileiro*, v. 254, jan-mar 1962, p. 260.

problemas principais: a falta de gente e de disciplina. O Conde da Cunha afirma que, nos arredores do Rio de Janeiro, não há:

> [...] tropa que as possa defender de nossos inimigos porque entre os oficiais destes regimentos não acho nem um só que tenha completo préstimo para o ofício, todos são moles, preguiçosos e ignorantes, e com tal aversão à vida militar que todos (ainda aqueles mais graduados) terão por ventura escusarem-se do real serviço; os soldados têm a mesma falta, assim porque todos são brasileiros, como porque só os homens inúteis e inábeis são os que se podem meter nos regimentos.[17]

O vice-rei ainda complementa:

> [...] o Brasil não pode esperar que as potências da Europa nossas aliadas nos venham auxiliar a tempo oportuno, nem se pode defender com os cariocas porque são moles e faltos de valor, além do que servem com tal violência que nem um só homem quer ter este modo de vida, nem houve nem um só que me não atormentasse para lhe mandar dar baixa, pelo que V. Ex. me fará a mercê de me dizer se posso esperar socorro desse reino ou se devo tirar recrutas deste continente, que sendo assim não posso assegurar a Sua Majestade esta importante conquista, porque estou certo que nem um só soldado acharei ao pé de mim, se me forem necessários.[18]

A falta de soldados e de disciplina das tropas encontradas pelo Conde da Cunha, somadas ao terrível estado em

---

17   Ibidem, p. 299.
18   Ibidem, p. 278.

Uma Paris dos trópicos?

que se mantinham as fortalezas, foram alvo de grande preocupação até o final do vice-reinado. Mas por que dedicar estas linhas à análise da situação militar e de defesa do Rio de Janeiro? A resposta é simples: as forças militares foram extremamente importantes não apenas para a segurança externa de São Sebastião, mas também para a sua ordenação interna, uma vez que a própria instabilidade externa gerava problemas e desordens no cotidiano da cidade.

Antes de tudo, é preciso deixar claro que foi somente com a criação, pelo príncipe regente Dom João, da Intendência Geral de Polícia da Corte e Estado do Brasil e do cargo de Intendente Geral de Polícia, em 1808, que as atribuições policiais no Rio de Janeiro, que até então eram exercidas por diversas autoridades, puderam ser centralizadas.[19] Isso significa que a polícia, na forma da instituição como a conhecemos hoje, com todo o campo de atuação que lhe compete e todas as obrigações que lhe são devidas, não existia até então. Durante o período colonial, o policiamento não era profissionalizado e confundia-se com a organização militar, o que quer dizer que a segurança interna da cidade estava ou nas mãos dos quadrilheiros[20], espécie de esboço do que viria a ser a polícia, ou nas mãos de civis desarmados, contratados

---

19 BARRETO FILHO, Mello; LIMA, Hermeto. *História da polícia do Rio de Janeiro*, p. 161.

20 "Quadrilheiros eram oficiais inferiores de justiça, criados em Lisboa em 1603 e que existiram em Portugal até fins de 1700. Formavam a polícia civil, diligenciavam sobre a descoberta de furtos e investigavam, na zona de sua jurisdição, a existência de vadios, pessoas de má reputação, casas de tavolagem, alcouces, etc. Era-lhes facultado também efetuar prisões de pessoas envolvidas em contendas e conflitos ocorridos em lugares públicos, podendo penetrar em qualquer casa, mesmo nas de pessoas nobres e poderosas, afim de capturarem delinqüentes que porventura nelas estivessem homiziados" (*ibidem*, p. 27).

pelo governo municipal para fazer o patrulhamento regular de vigilância, ou, ainda, nas mãos dos regimentos de tropas militares, em tempos e ocasiões em que a força armada profissionalizada se fazia necessária.[21] Além dos citados, havia os capitães-mores de estradas e assaltos, vulgarmente conhecidos como capitães-do-mato, e os alcaides, oficiais de justiça encarregados de efetuar prisões, ambos ligados à Câmara Municipal.[22]

Mas os problemas militares e de defesa externa da cidade, como dito anteriormente, conjugavam-se com a desordem nas ruas. A simples aproximação de um navio desconhecido no porto, ou apenas um boato de que alguma nau inimiga dirigia-se ao Rio de Janeiro, já era motivo de insegurança por parte dos fluminenses. E não somente por parte dos homens de governo, que tinham a preservação da colônia entre suas atribuições fundamentais, mas por parte de toda a população. O medo de um ataque estrangeiro era algo extremamente presente no imaginário dos habitantes locais, podendo até causar momentos de pânico e subversão da ordem interna, ainda mais pela lembrança das invasões francesas de 1710 e 1711.

Tal sensação de insegurança tinha suas razões de ser: primeiramente, porque o ataque e a posterior ocupação do território por Duguay-Troin "em nada influiu na organização policial da cidade, que continuou a mesma, isto é, deficiente e sem preparo, [sendo que] consideravelmente aumentou

---

21 HOLLOWAY, Thomas. *Polícia no Rio de Janeiro*: repressão e resistência numa cidade do século XIX. Rio de Janeiro: Editora FGV, 1997, p. 43-44.

22 NARO, Nancy; NEDER, Gizlene; SILVA, José Luiz Werneck da. *A polícia na Corte e no Distrito Federal*. Rio de Janeiro: Pontifícia Universidade Católica, 1981, p. 11.

o número de crimes";[23] em segundo lugar, porque a péssima conservação das fortalezas e a ineficiente organização dos regimentos militares continuavam a reforçar a sensação de fragilidade da cidade.[24] Assim, durante todo o século XVIII, ocorreram vários conflitos entre os habitantes locais e as tripulações estrangeiras que, antes de atingirem seus destinos finais de viagem, desembarcavam em São Sebastião; como ressalta Maria Fernanda Bicalho:

> [...] a própria cidade era repositório de todo um amplo mundo da desordem, sensível aos discursos matizados por uma certa xenofobia, ávido por um pretexto para poder se manifestar naquilo que melhor sabia fazer: perturbar a ordem e a tranqüilidade pública. [...] Eram comuns, portanto, as desordens provocadas pela circulação na cidade de oficiais, soldados e marinheiros das mais diferentes nacionalidades. De pequenas altercações de rua, troca de insultos e correrias, chegavam a incidentes mais graves, provocados por cutiladas mortais e assassinatos traiçoeiros. Os crimes e mortes decorrentes desses episódios eram tão freqüentes que levaram os oficiais da Câmara, já no final do século XVIII, a escrever diretamente ao secretário de Estado afirmando que nos últimos dez anos [1789-1799] a "*gente de mar*" havia cometido mais crimes e assassinatos do que os moradores daquele distrito. Alegavam que, apesar dos processos militares e dos conselhos de guerra instaurados para julgá-los, os delitos

---

23 BARRETO FILHO, Mello; LIMA, Hermeto. *História da polícia do Rio de Janeiro*, p. 71.
24 BICALHO, Maria Fernanda. *A cidade e o império*, p. 259-260.

continuavam, provocando a total falta de sossego e de segurança pública na cidade.[25]

Um episódio ocorrido no tempo do primeiro vice-rei, Conde da Cunha, precisamente em 21 de junho de 1767, ilustra bem a insegurança dos fluminenses e os conflitos travados entre os moradores locais e os estrangeiros: com a finalidade de suprir a carência de víveres em que a embarcação se encontrava para prosseguir sua viagem às Índias Orientais, entrou na baía de Guanabara a fragata real francesa Boudeuse, comandada pelo capitão Louis Antoine de Bougainville. O aportar deste navio francês, que por si só já seria motivo de preocupação dos habitantes, instigou ainda mais a desconfiança da população, já abalada por causa de outro acontecimento ocorrido poucos dias antes: o capelão de outra fragata francesa, a Etoile, embarcação que havia atracado no porto em 15 de junho com a finalidade de esperar a Boudeuse, havia sido assassinado. Desde os tempos de Duclerc e de Duguay-Troin, somente a presença de um navio francês já era razão suficiente para suspender a tranquilidade da urbe. O que dizer então do assassinato de um capelão e do aparecimento de mais um navio da França em águas fluminenses? O fato é que, durante a permanência de Bougainville no Rio de Janeiro, o vice-rei ordenou que se reforçasse o policiamento das ruas, inclusive durante a noite, aumentando também a vigilância de seu palácio.[26] As medidas preventivas, porém, não pararam por aí; como relata o próprio capitão Bougainville: "soubemos que a patrulha fora dobrada e que ordens tinham sido

---

25 *Ibidem*, p. 262-263.
26 BARRETO FILHO, Mello; LIMA, Hermeto. *História da polícia do Rio de Janeiro*, p. 82-83.

dadas no sentido de deter todo e qualquer francês que fosse encontrado nas ruas da cidade após o pôr-do-sol".[27]

Além de Bougainville, que conferiu alguma atenção em sua narrativa de viagem para o assassinato do capelão da Etoile, muitos foram os visitantes que mencionaram a violência urbana como uma prática comum no Rio de Janeiro. De acordo com o memorialista Luiz Edmundo:

> [...] o fato é que tinham de que se impressionar seriamente os estrangeiros que visitavam a capital da colônia, e onde, por qualquer coisa se feria, por qualquer coisa se matava. As facas e os punhais andavam, sempre, fora das bainhas; as sarjetas, empoçadas de sangue. Choviam alvarás proibindo os capuzes, o uso de facas, de punhais, de choupas e sovelas. Ninguém queria saber de alvarás, todos se embuçavam, todos traziam entre as dobras da saragoça, no mínimo, o seu meio palmo de aço brilhante e rijo. Não se esperava sequer pela cumplicidade da treva para arrancar a vida ao próximo: à luz do dia, sob as janelas do palácio do vice-rei, mata-se o capelão do Etoile. Duclerc é assassinado na casa da Rua General Câmara por quatro embuçados, apesar da guarda numerosa que o cerca. Turba multa de desordeiros e assassinos.[28]

Mas a desordem das ruas não tinha sua origem apenas no conflito entre os habitantes locais e os visitantes estrangeiros. Simples desentendimentos, confusões entre escravos,

---

27 FRANÇA, Jean Marcel Carvalho. *Visões do Rio de Janeiro colonial*: antologia de textos, 1531-1800. Rio de Janeiro: Editora UERJ/ José Olympio, 1999, p. 121.

28 EDMUNDO, Luiz. *O Rio de Janeiro no tempo dos vice-reis*. Rio de Janeiro: Aurora, v. 2, 1951, p. 467.

intrigas amorosas, roubos, vingança, qualquer que fosse o motivo não era de espantar que a querela terminasse em assassinato. Ainda mais com o sistema judiciário[29] vigente, em que a justiça era sinônimo de sentença, constituindo-se de maneira "irregular e falha, pessoal e feroz, cera que se amolda à vontade pessoal do juiz, que, quando não é arbitrário, é ignorante, e, quando não é ignorante, é venal. Há exceções, claro. Essas, porém, são bem raras".[30] Desse modo, o que se viu no Brasil colonial foram mais sentenças do que leis, o que sugere o caráter essencialmente punitivo da justiça colonial, que não se preocupou com a prevenção, mas em sentenciar os delitos e crimes cometidos pelos infratores; sentenças estas, muitas vezes, arbitrárias, pois a lei ou punição que caberia a determinado crime poderia ser aplicada de modo diferente, dependendo dos benefícios e privilégios pessoais de cada um dos envolvidos. O que quer dizer, por exemplo, que um marido que "encontrasse a mulher nos braços de um sedutor, podia matar, licitamente, qualquer dos dois. Apenas se o sedutor era um desses privilegiados, já a lei mudava, punindo o marido, que matara sem ter olhado a quem".[31]

O fato é que muitos dos que viveram ou passaram pelo Rio de Janeiro durante o vice-reinado não deixaram de registrar a

---

29 A organização judiciária no vice-reinado era centralizada nas mãos do vice-rei, que presidia a Relação, espécie de conselho que estipulava e regularizava os atos de justiça. Além do vice-rei, a Relação era composta por um chanceler, por nove ou onze desembargadores, um ouvidor do Crime, um ouvidor da Comarca, um juiz de fora do Cível e Crime, e um juiz dos Órfãos, com os relativos escrivães e oficiais. Cf. SANTOS, Luiz Gonçalves dos. *Memórias para servir à história do reino do Brasil*. Rio de Janeiro: Livraria Editora Zelio Valverde, 1943, p. 55-56.
30 EDMUNDO, Luiz. *Op. cit.*, p. 451.
31 Idem. *O Rio de Janeiro no tempo dos vice-reis*, v. 2, 1951, p. 468.

violência das ruas, como é o caso dos viajantes estrangeiros. Entre estes visitantes, o capitão inglês James Cook, que esteve no Rio de Janeiro em 1768, descreve "uma cena assaz significativa" vista por um de seus tripulantes, o cozinheiro de sua embarcação: "dois homens pareciam conversar amigavelmente, quando subitamente, um deles sacou um canivete e desferiu um golpe no peito do outro; como a vítima resistiu a esse primeiro golpe e não foi ao chão, o criminoso desferiu um segundo e pôs-se em fuga".[32] O inglês ainda comenta que alguns negros que estavam próximos à cena do crime perseguiram o agressor, mas seu cozinheiro não obteve nenhuma informação se o fugitivo teria ou não sido apanhado. Também John White, cirurgião-mor da esquadra que se dirigia para Botany Bay, que atracou no porto fluminense em 1787, relata que ao visitar o hospital da cidade, na companhia do cirurgião geral da Armada,

> [...] trouxeram-nos um soldado que tinha sido ferido do lado direito do abdome. O instrumento cortante tinha penetrado o órgão, mas não chegara a atingir o intestino. Pela forma e pela natureza do ferimento, era possível perceber que ele tinha sido causado por um golpe de estilete. Após os primeiros curativos terem sido feitos, o acidentado contou-nos que, na noite anterior, ele tivera uma querela com dois camaradas por causa de uma mulher e que um deles, aproveitando-se da escuridão, o tinha golpeado com um instrumento pontiagudo. A partir

---

32 FRANÇA, Jean Marcel Carvalho. *Visões do Rio de Janeiro colonial*, p. 135.

dessa história, deduzi que os assassinatos eram bastante comuns no Brasil.[33]

Os crimes envolvendo intrigas amorosas são frequentemente mencionados pelos viajantes. Samuel Holmes, soldado que navegava a bordo do navio britânico Hindostan, que chegou ao Rio de Janeiro em 30 de novembro de 1792, alerta para o perigo resultante da combinação entre o olhar severo dos patriarcas, que isolavam suas mulheres e filhas do mundo externo aos domínios da casa, e a inclinação das mulheres da América "ao amor". Diz o soldado que "é difícil e mesmo perigoso obter os seus favores. O ciumento sexo oposto as vigia de perto e pune, com extremo rigor, a mais pequena falta". Mas também adverte que "o viajante, porém, se está disposto a *trilhar certos caminhos* e despender algum dinheiro, consegue divertir-se no Rio de Janeiro".[34] Partilha desta mesma opinião o cirurgião inglês George Hamilton, que passou pela cidade fluminense no início de 1791 e afirmou:

> [...] as intrigas amorosas, contudo, vêm sempre acompanhadas de grandes perigos. Aqui, os estiletes são muito utilizados, os assassinatos são frequentes, os homens são possuídos por um ciúme sanguinário e as mulheres, que nunca aparecem em público sem a proteção de um véu, são muito dadas à galantaria. Bougainville, o circunavegador francês, quando passou por este porto, teve seu capelão assassinado em virtude de uma querela amorosa.[35]

---

33   *Ibidem*, p. 187.
34   FRANÇA, Jean Marcel Carvalho. *Outras visões do Rio de Janeiro colonial*: antologia de textos, 1582-1808. Rio de Janeiro: José Olympio, 2000, p. 254.
35   *Ibidem*, p. 242.

Também não é raro encontrar nos relatos dos estrangeiros alguma menção aos roubos que se praticavam no Brasil. Como narra Friedrich Ludwig Langstedt, que desembarcou em São Sebastião em abril de 1782, "a populaça local é um tanto ladra".[36] Parte desta preocupação recaía sobre os escravos e vadios que habitavam a urbe, uma vez que, como diz Sir George Leonard Staunton, secretário da embaixada inglesa que se dirigia à China em missão diplomática comandada pelo Lorde George Macartney e que esteve no Rio de Janeiro em fins de 1792, "procura-se coibir a prática do roubo e da mentira entre os escravos brasileiros, mas parece que esses vícios pertencem à sua própria condição".[37] Outro integrante do navio de Staunton, o intendente da missão diplomática John Barrow, afirma que a prática de impor um soldado para acompanhar os estrangeiros que desembarcavam em solo fluminense "tem como objetivo protegê-los dos roubos e agressões perpetrados por negros e vagabundos que se escondem nas imediações da cidade".[38]

Em linhas gerais, este é o quadro da criminalidade urbana encontrado por aqueles que estiveram na cidade de São Sebastião durante o vice-reinado, ou, ao menos, o quadro pintado, em sua maior parte, por alguns dos viajantes estrangeiros que passaram pelo Rio de Janeiro neste período. Diante deste cenário, marcado pela precária organização das defesas externas e pelo alto índice de violência referenciado pelos viajantes, qual era a atitude assumida pelas autoridades que governavam a urbe frente à inexpressiva estrutura militar, à criminalidade das ruas e à facilidade com que a tranquilidade urbana era abalada e transformada em desordem?

---

36   Idem. *Visões do Rio de Janeiro colonial*, p. 168.
37   *Ibidem*, p. 204.
38   *Ibidem*, p. 218.

Entre os vice-reis, um merece destaque pela tentativa de controlar esta situação e de organizar a estrutura militar e policial da cidade: o Marquês de Lavradio, que governou a colônia entre 1769 e 1779. Isto porque foi Lavradio, por meio da militarização da população, realizada com a criação de "terços auxiliares"[39], espécie de milícia civil, que procurou incorporar parte dos civis fluminenses à ordem militar, estabelecendo um dispositivo disciplinar de controle da cidade que combatesse os três grandes inimigos da metrópole de uma só vez: o inimigo externo, a indisciplina nas ruas e a desordem política impulsionada pela contestação do projeto colonial por parte da nova elite fluminense em formação, que estabelecia seu novo foco de poder no mundo urbano.[40] Diz o próprio Marquês de Lavradio:

> [...] além de V. Ex. ver, pelo que tenho a honra de repetir-lhe, a utilidade de que podem ser os terços auxiliares para a defesa e segurança deste Estado, devo dizer a V. Ex., que para mim é uma razão mais forte para formar com todos os povos, assim os terços auxiliares com todos aqueles indivíduos que estão

---

39 "Os terços eram tropas auxiliares do corpo regular do exército e caracterizavam-se pela menor exigência de disciplina física e ocupação do tempo dos soldados. A solução dos terços, do ponto de vista estritamente militar, respondia às fugas dos indivíduos ao alistamento. Além do mais representava uma grande economia para o reino, pois, ao contrário das tropas regulares, os recrutas fardavam-se às próprias custas, não recebiam soldo e pagavam as armas que lhes eram fornecidas. A população preferia servir nos terços por motivos de prestígio e poder, pelo menor tempo que lhes era exigido e pelas eventuais vantagens econômicas de que podiam usufruir" (COSTA, Jurandir Freire. *Ordem médica e norma familiar*, p. 24).

40 Ibidem, p. 23.

em idade, forças e agilidade para poderem tomar armas, como as das ordenanças, com aqueles que estão mais impossibilitados; e vem a ser a razão, que é reduzir todos estes povos em pequenas divisões a estarem sujeitos a um certo número de pessoas, que se devem escolher sempre das mais capazes para oficiais, e que estes gradualmente se vão pondo no costume da subordinação até chegarem a conhecê-la todos na pessoa que S. M. tem determinado para os governar. Estes povos em um país tão dilatado, tão abundante, tão rico, compondo-se a maior parte dos mesmos povos de gentes de pior educação, de um caráter mais libertino, como são negros, mulatos, cabras, mestiços e outras gentes semelhantes, não sendo sujeitas mais que ao governador e aos magistrados, sem serem primeiro separados e acostumados a conhecerem mais junto, assim outros superiores que gradualmente vão dando exemplo uns aos outros da obediência e respeito, que são depositários das leis e ordens do soberano, fica sendo impossível o poder governar sem sossego e sujeição a uns povos semelhantes. As experiências o tem mostrado, porque em todas as partes aonde [não] tem havido de reduzir os povos a esta ordem, tem sido as desordens e inquietações imensas, e ainda depois de cansado o executor da alta justiça de fazer execuções nos a quem a lei tem condenado pelos seus delitos, nem isto tem bastado para eles se diminuírem, e pelo contrário se tem visto que naquelas partes onde os povos estão reduzidos a esta ordem, tudo se conserva com muito maior sossego, e são menos frequentes as desordens, e são mais respeitáveis as leis.[41]

Assim, Lavradio, por um lado, aumentou as tropas, ampliando as defesas da cidade frente a um inimigo externo; por outro, colocou a população sob as normas da disciplina militar, reduzindo os conflitos urbanos e reintegrando os habitantes em torno da hierarquia metrópole-colônia.

Mas o que foi posto em cheque pela militarização proposta por Lavradio? Na verdade, é projetado um novo tipo de entendimento acerca do sistema jurídico-policial, cuja proposta, que visava à própria estratégia de repressão colonial, era pautada pela prevenção e integração. Isso porque, até então, polícia e justiça eram essencialmente punitivas, uma vez que a ideia de prevenção do delito ainda não existia.[42] Desse modo, ficou claro para Lavradio que a "condição para que a dominação se mantivesse era a partilha do poder. A população engajada nas tropas auxiliares extraía benefícios econômicos (proteção nos negócios, preservação do tempo em função dos interesses privados) e de poder (participação na repressão)".[43] Mas não foi só isso: a militarização dos habitantes colocou os locais em contato constante com o poder, habituando a população a respeitar hierarquias que, começando em pequenos grupos, se ampliaria até a autoridade máxima da figura do rei, cada vez mais contestada na colônia. Assim, "a militarização atualizava permanentemente o poder, ora

---

41 "Relatório do Marques de Lavradio, vice-rei do Rio de Janeiro, entregando o governo a Luiz de Vasconcellos e Sousa, que o sucedeu no vice-reinado". In: *Revista Trimestral de História e Geografia ou Jornal do Instituto Histórico e Geográfico Brasileiro*, v. 16, jan. 1843, p. 424–425.

42 COSTA, Jurandir Freire. *Ordem médica e norma familiar*, p. 22.

43 *Ibidem*, p. 26.

submetendo os indivíduos à autoridade de maneira contínua, ora mostrando-lhes como o poder premia os que dele participam".⁴⁴ O projeto de ordenação militar da população, nesse sentido, não visava à punição, mas, sim, educar a população, apresentando novas possibilidades e estratégias para a eficácia do poder político e para o controle da vida social e da desordem das ruas.⁴⁵

No entanto, todo este projeto arquitetado por Lavradio não conseguiu criar mecanismos para se concretizar, transferindo para o século XIX a desordem urbana dos tempos coloniais; como afirma o já citado Jurandir Freire Costa:

> [...] a militarização, contudo, permaneceu ilhada e paralisada em meio aos dispositivos punitivos da Colônia. A timidez de sua expansão explica-se pelas limitações intrínsecas aos seus mecanismos de controle da população e a restrição que o sistema sócio-econômico da Colônia lhe impunha. [...] Além do mais o serviço militar retinha os homens por um tempo muito curto. Fora das tropas, eles voltavam a conviver com a indisciplina urbana. [... Mas] um motivo mais forte inibia o alcance do dispositivo militar. Na Colônia, o poder político era dividido entre o Estado, as famílias e o clero. As relações destes três poderes sempre foram tensas, sobretudo na segunda metade do século XVIII. Naquele período, os antagonismos entre os representantes da metrópole, clero e famílias brasileiras alcançaram pontos altamente

---

44 Ibidem, p. 26.
45 MACHADO, Roberto et al. Danação da norma: medicina social e constituição da psiquiatria no Brasil. Rio de Janeiro: Graal, 1978, p. 115.

delicados. [...] Neste sentido, armar a população representava um grande risco. A militarização, embora eficiente, não podia ultrapassar certos limites, sob pena de gerar resistência ao poder.[46]

O projeto de Lavradio, como é possível perceber, fracassou pelo fato de que o preço para conseguir manter os indivíduos dentro da ordem requerida pelos governantes era o risco de cair na armadilha de uma insurreição armada. Desse modo, como seria possível manter o controle da população sem correr tal risco? Foi somente no século XIX que algumas soluções começaram a se afirmar, soluções estas que serão discutidas no próximo capítulo, a saber: tanto um novo tipo de organização da polícia, que deixou de se preocupar somente com as questões punitivas oriundas da violência urbana para integrar-se num projeto mais amplo de urbanização e controle social, projeto este que teria se centrado na atuação da Intendência de Polícia, quanto novas estratégias de normatização da sociedade, caso da medicina social e suas táticas higiênicas, que complementaram o novo tipo de abordagem e de projeto urbanístico desenvolvido pela polícia. Mas se a medicina social e seus mecanismos de controle somente se afirmaram no Brasil durante o Oitocentos, que tipo de medicina era praticada antes do desembarque de Dom João no Rio de Janeiro? Dito de outro modo, qual a relação entre a medicina e a sociedade neste período, relação esta que se modificaria a partir do século XIX com o advento da medicina social?

O projeto de colonização instituído pela metrópole, como mencionamos, tomou novos rumos em meados do século XVIII, com um interesse maior pelas cidades e a adoção de novas estratégias, tanto para o controle da vida social

---

46 COSTA, Jurandir Freire. *Ordem médica e norma familiar*, p. 27.

Uma Paris dos trópicos? 51

quanto para manutenção do pacto metrópole-colônia. Assim, no campo da medicina, durante o século XIX, estabeleceu-se no Brasil uma nova política de saúde de abrangência social, com o deslocamento de seu objeto de intervenção do indivíduo para a sociedade, processo este que teve seu desenvolvimento na Europa desde o Setecentos.[47] A higiene pública tornou-se o grande pilar desta nova política de saúde de que se estabelecerá no Brasil a partir do século XIX – nomeadamente a medicina social –, distinguindo-se do modelo de medicina praticado desde os primórdios da ocupação portuguesa da América, cujo foco de intervenção ainda era o indivíduo, e não a sociedade.[48] Mas que tipo de medicina era esta praticada nos três primeiros séculos antes do estabelecimento da medicina social?

47 Michel Foucault refere-se a três etapas na formação da medicina social na Europa: a "medicina de Estado", que se desenvolveu, sobretudo, na Alemanha, desde o início do século XVIII, "com a organização de um saber médico estatal, a normalização da profissão médica, a subordinação dos médicos a uma administração central e, finalmente, a integração de vários médicos em uma organização médica estatal"; a "medicina urbana", que se desenvolveu na França em fins do século XVIII e que "não é verdadeiramente uma medicina dos homens, corpos e organismos, mas uma medicina das coisas: ar, água, decomposições, fermentos; uma medicina das condições de vida e do meio de existência", com o controle dos espaços comuns e dos lugares de circulação; e a "medicina dos pobres", desenvolvida na Inglaterra, no início do século XIX, "que é essencialmente um controle da saúde e do corpo das classes mais pobres para torná-las mais aptas ao trabalho e menos perigosas às classes mais ricas". FOUCAULT, Michel. "O nascimento da medicina social". In: _____. *Microfísica do poder*. Rio de Janeiro: Graal, 1979, p. 79 et. seq.
48 MACHADO, Roberto et al. *Danação da norma*, p. 18-19.

Desde o início da colonização do Brasil, os portugueses e os demais povos que vieram para os trópicos trouxeram consigo um grande número de doenças, desconhecidas dos nativos da região. Assim, a partir do século XVI, a América portuguesa foi sempre alvo das mais variadas epidemias e endemias;[49] como explica Lycurgo Santos Filho:

> [...] as entidades patológicas existentes no momento da descoberta, tais como a bouba ou piã, o bócio endêmico, parasitoses e dermatoses várias, disenterias e talvez o paludismo e a lues – o que ainda não se provou – outras vieram ajuntar-se, carregadas pelos brancos colonizadores e pelos negros escravos. O branco veiculou varíola, o sarampo, a escarlatina, a tuberculose, a lepra, as doenças venéreas, parasitoses como a sarna e outras afecções, enquanto do continente africano provieram a filariose, a dracunculose ou *bicho-da-costa*, a febre amarela, a ancilostomíase e outras verminoses, o tracoma, o maculo, o ainhum ou mal perfurante plantar e o gundu ou exostose para-nasal. Somem-se a essas as diversas afecções dos aparelhos do corpo humano e estará mais ou menos delineada a patologia brasileira nos três primeiros séculos.[50]

Apesar do acentuado e diversificado volume de doenças existente, a medicina que se praticou no Brasil foi pautada

---

49   RIBEIRO, Lourival. *Medicina no Brasil colonial*. Rio de Janeiro: GB, 1971, p. 15-32.
50   SANTOS FILHO, Lycurgo. "Medicina colonial". In: HOLANDA, Sergio Buarque de (dir.). *História geral da civilização brasileira*: a época colonial. São Paulo: Difusão Européia do Livro, tomo I, v. 2, 1960, p. 151.

Uma Paris dos trópicos? 53

pela carência de médicos⁵¹ e pela proliferação de todo tipo de curandeirismo. Antes do século XIX, não era possível encontrar, dentro do aparelho colonizador, a relação que hoje tanto parece nítida entre saúde e população, pois a administração portuguesa não se dedicou a construir uma sociedade na qual o combate às causas das doenças e a manutenção de um estado contínuo de saúde coletiva fosse uma preocupação. Diferentemente do que se verá a partir do Oitocentos – quando a medicina, atuando como dispositivo para o exercício do poder pelo Estado, incorpora o social, trazendo para seu campo de saber o mundo urbano e intervindo positivamente sobre as cidades e seus habitantes –, os primeiros séculos de colonização serão pautados pela ausência da ideia de prevenção, quando a medicina ocuparia somente a função de uma atividade de cura, sempre como uma solução *a posteriori*.⁵²

A saúde na colônia não foi tratada pela metrópole como uma prioridade. A perspectiva em vigor era muito mais combater o mal a despeito de cultivar o bem, o que não significa que não tenha existido uma atenção com a saúde dos colonos, já que era deles mesmos que dependia a manutenção e a preservação da possessão portuguesa, mas, sim, que a saúde "não aparece como algo que possa ser produzido, incentivado, organizado, aumentado. Embora encerre o máximo de positividade, só é percebida negativamente pela presença da realidade representada pela doença".⁵³ Desse modo, a falta de incentivo à saúde trouxe algumas consequências para a

---

51   Já durante o vice-reinado, em 1798, era apenas quatro o número de médicos atuando no Rio de Janeiro. NAVA, Pedro. *Capítulos da história da medicina no Brasil*. São Paulo: Oficina do Livro Rubens Borba de Moraes, 2003, p. 47.
52   MACHADO, Roberto *et al. Danação da norma*, p. 154.
53   *Ibidem*, p. 56.

medicina praticada nos trópicos, como a já citada falta de médicos. Mas não se deve atribuir tal fato a um simples descaso por parte de Portugal, pois lá a situação também não era das melhores. Os lusitanos também não possuíam grande quantidade de médicos, sendo os existentes, normalmente, de baixa qualidade.[54] Isso porque o caráter cada vez mais científico da medicina que se desenvolveu no Velho Mundo, desde o século XVII, com suas Academias Científicas, pesquisas e descobertas, demorou cerca de um século a mais para introduzir-se em Portugal, ainda atrelado a uma educação comandada pelos jesuítas, que desfavorecia os estudos científicos em prol da teologia e da metafísica.[55] Mas, mesmo tendo em vista a situação da metrópole, o que dizer da falta dos médicos no Brasil? Explica-se em parte pelo diminuto interesse que a vida na colônia despertava – devido às poucas vantagens profissionais que o território oferecia –, além da proibição do ensino superior por aqui e das dificuldades que os jovens locais encontravam para estudar na Europa.[56] Assim, foi baixo o número dos profissionais de saúde que atuaram no Brasil durante todo o período colonial, sendo a maior parte cristãos-novos de baixa camada social que abandonaram o continente europeu na esperança de viver com maior sossego longe da Inquisição.[57]

No entanto, a falta de médicos não ocasionou a falta de indivíduos empenhados em curar. Desde o início da colonização, os portugueses encontraram entre os índios uma arte

---

54 SALLES, Pedro. *História da medicina no Brasil*. Belo Horizonte: G. Holman, 1971, p. 39.

55 MARQUES, Vera Regina Beltrão. *Natureza em boiões*: medicinas e boticários no Brasil setecentista. Campinas, SP: Editora da Unicamp/Centro de Memória-Unicamp, 1999, p. 107-110.

56 NAVA, Pedro. *Capítulos da história da medicina no Brasil*, p. 152.

57 SANTOS FILHO, Lycurgo. *História da medicina no Brasil*: do século XVI ao século XIX. São Paulo: Brasiliense, v. 1, 1947, p. 47.

de curar dominada por conhecimentos empíricos, conhecimentos que eram sempre subordinados aos elementos da magia e do sobrenatural. A doença era, então, compreendida pelos ameríndios como resultado de castigos ou provações enviados pelo mundo místico, e, como tal, deveria ser combatida com as mesmas armas. A sua terapêutica consistia, sobretudo, na utilização dos recursos disponíveis na natureza, abundantemente recheada de plantas medicinais. Essas plantas seriam manipuladas pelo pajé, indivíduo que detinha amplo conhecimento das virtudes medicinais da flora local e que também baseava seu processo curativo na crença e no feiticismo, características de seu ambiente cultural.[58]

É este o retrato da "medicina" encontrado pelos primeiros médicos e pelos jesuítas que vieram ao Brasil. Incluem-se os jesuítas pelo fato de os padres terem desenvolvido uma ampla rede de assistência médica durante o tempo em que permaneceram nos trópicos, de 1549 até sua expulsão, em 1759. Com a falta de profissionais graduados no ensino europeu que circulassem pela América portuguesa, tais religiosos atuaram como curadores entre a população nativa e os colonos que habitavam o território, uma vez que ou possuíam noções da arte de curar ou acabaram por aprendê-la empiricamente quando chegaram ao Novo Mundo.

Numa época em que adquirir remédios vindos da Europa era extremamente difícil, e mesmo os que aqui podiam ser encontrados chegavam deteriorados pelo grande tempo que permaneciam nos navios até atingir os trópicos – dificuldade que perdurou durante todo o período colonial –, os jesuítas e os médicos tiveram que se submeter aos costumes da terra, aprendendo a utilizar a flora local nos tratamentos a que

---

58   RIBEIRO, Lourival. *Medicina no Brasil colonial*, p. 187-188.

submetiam os doentes.[59] E, para isso, o conhecimento do indígena foi fundamental. O colono, que se manteve em constante intercâmbio com as práticas medicinais dos nativos, teve de adaptar seu arcabouço teórico obtido nas universidades às técnicas e aos conhecimentos do gentio, saber apreendido e transmitido à metrópole, que disseminou pela Europa as utilidades das plantas medicinais tropicais por meio da publicação de farmacopéias e tratados médicos, principalmente a partir do Setecentos, quando a medicina portuguesa tornou-se um pouco mais científica.[60] Até então, ela partilhava da mentalidade mágica presente na arte médica dos indígenas:[61] de um lado, os jesuítas, que curavam em nome de Deus, pois percebiam as doenças como fruto do pecado; do outro, os médicos, cuja influência da igreja na formação impregnou a atividade de crenças e práticas sobrenaturais.

Ao saber dos índios e dos colonos juntou-se outro tipo de prática curativa: a dos negros. Todavia, sua contribuição foi pouco significativa nesta área, pois ficou circunscrita, basicamente, à utilização de plantas medicinais, utilização resultante do conhecimento empírico que possuíam, e aos recursos sobrenaturais que envolviam os rituais de cura; para Lycurgo Santos Filho:

> [...] os conhecimentos e noções sobre a arte de curar trazidos pelos africanos não impressionaram quanto ao montante e nem quanto à qualidade. Contaminada pela feitiçaria,

---

59   SANTOS FILHO, Lycurgo. "Medicina colonial". In: HOLANDA, Sergio Buarque de (dir.). *História geral da civilização brasileira*, tomo I, v. 2, 1960, p. 147.

60   MARQUES, Vera Regina Beltrão. *Natureza em boiões*, p. 82.

61   RIBEIRO, Márcia Moisés. *A ciência dos trópicos*: a arte médica no Brasil do século XVIII. São Paulo: Hucitec, 1997, p. 87.

Uma Paris dos trópicos? 57

relacionada com a magia, praticada por feiticeiros-curadores ignorantes e embusteiros, a medicina dos negros perdeu-se em suas noções essenciais, terrenas, porque a parte sobrenatural de que estava eivada e sobrecarregada, persistiu entre os praticantes e disseminou-se pela população inculta. Os feiticeiros-curadores apresentavam-se como intermediários entre os deuses e os mortais. Deuses maus provocavam as doenças. Deuses bons curavam-nas. Sempre a mesma, a etiologia, entre os povos primitivos. A terapêutica resumia-se em raizadas e *feitiços* ou *mandingas*.[62]

Como se pode notar, foram diversos os praticantes de medicina no Brasil colonial. Situação que encontra motivação basicamente na relação entre a ausência de médicos e a presença de diferentes tipos culturais convivendo num mesmo ambiente: se a ausência de profissionais graduados conferiu um importante papel ao desenvolvimento de outras artes de cura, como a dos jesuítas, índios e negros,[63] também a própria presença de tão variadas tradições culturais no mesmo território abriu espaço para que a medicina de índios e negros se disseminasse, com seus curadores e terapêuticas próprios, desestimulando a ação de médicos e cirurgiões licenciados.[64] Desse modo, aqueles que atuaram como agentes curadores, tendo ou não competência e autorização para tal, desempenharam atividades terapêuticas bastante semelhantes,

---

62 SANTOS FILHO, Lycurgo. "Medicina colonial". In: HOLANDA, Sergio Buarque de (dir.). *História geral da civilização brasileira*, tomo I, v. 2, 1960, p. 160.
63 RIBEIRO, Márcia Moisés. *A ciência dos trópicos*, p. 16.
64 MARQUES, Vera Regina Beltrão. *Natureza em boiões*, p. 28.

fomentando uma prática médica de características específicas, em que se fundiram diversos elementos culturais. Se os profissionais formados nas Universidades europeias traziam consigo os conhecimentos teóricos, afastando-se do saber empírico dos índios e negros, também se aproximavam destes últimos no que se refere ao mundo do sobrenatural e da magia, presente nas práticas médicas cotidianas; como diz Márcia Moisés Ribeiro:

> [...] sem perder seus alicerces básicos, ao saber médico indígena acrescentou-se a experiência dos europeus e africanos. Noções e práticas muito familiares ao silvícola, outras absolutamente alheias, combinaram-se, dando origem à medicina dos tempos coloniais que nada mais é que o conjunto de conhecimentos, hábitos e práticas nascido a partir do convívio assíduo entre as três culturas. O saber oriundo do reino português atrelou-se à cultura indígena e africana ao sabor das circunstâncias oferecidas pela terra conquistada, originando um complexo tipicamente colonial.[65]

Mas quem eram os profissionais de saúde que compuseram esta medicina tipicamente colonial? E mais: como era a organização e a fiscalização de seus ofícios? Como se pode perceber pelo que já foi dito até aqui, havia uma gama variada de praticantes de medicina no Brasil. Apesar de algumas características de tal grupo já terem sido referidas, há necessidade de defini-lo mais diretamente.

Na época colonial, existiram diversas categorias de pessoas que exerciam a medicina: os físicos, os cirurgiões, os

---

65 RIBEIRO, Márcia Moisés. *A ciência dos trópicos*, p. 23-24.

barbeiros, os boticários, os aprendizes desses profissionais e os curandeiros em geral. Os físicos, como também eram chamados os médicos, bem como os cirurgiões-diplomados, formavam-se principalmente em Coimbra, e os poucos que vieram para os trópicos ocuparam cargos na administração colonial, sobretudo no Senado da Câmara ou nas tropas. Ao físico cabia a função de curar, enquanto que ao cirurgião, a de exercer a cirurgia. No entanto, devido à falta destes profissionais – normalmente encontrados apenas nos principais centros populacionais –, suas atribuições confundiam-se na prática cotidiana, uma vez que não era raro encontrar cirurgiões desempenhando atividades de cura.[66] O mesmo acontecia com os boticários, encarregados do preparo e comercialização dos medicamentos prescritos pelos físicos e que, por um lado, comumente receitavam remédios e, por outro, deparavam-se constantemente com médicos, cirurgiões, barbeiros e droguistas (mercadores de drogas) realizando as funções de seu ofício.[67] Os barbeiros eram indivíduos que, além de cortar o cabelo e fazer a barba, praticavam pequenas cirurgias como a sangria, a extração de dentes e a aplicação de ventosas e sanguessugas.[68] Aos curandeiros, como os índios e negros mencionados, somavam-se indivíduos de todo tipo: padres jesuítas, senhores de engenho, mulheres do povo, letrados que aprenderam um pouco da arte de curar nos guias médicos populares que circulavam pela colônia, vigários e charlatães, que eram sempre os primeiros procurados pelo povo – povo que só recorria aos diplomados quando a terapêutica empírica e mística fracassava. A terapêutica desse vasto grupo

---

66 MACHADO, Roberto *et al. Danação da norma*, p. 29.
67 MARQUES, Vera Regina Beltrão. *Natureza em boiões*, p. 176.
68 SALLES, Pedro. *História da medicina no Brasil*, p. 52-53.

consistia quase sempre no uso da flora medicinal brasileira e na invocação do sobrenatural.[69]

Mas não se deve pensar que a falta de incentivo da metrópole nas questões de prevenção da saúde coletiva implicou num completo abandono da organização da medicina, mesmo porque foram criadas instituições para o controle da prática médica no Brasil. Com a falta de indivíduos diplomados, a metrópole concedia, mediante um exame junto aos delegados do Físico-Mor e do Cirurgião-Mor do Reino,[70] "licenças" ou "cartas de habilitação" a indivíduos que já praticavam e desejavam legalizar o exercício da medicina, desde que comprovassem experiência de ao menos quatro anos.[71] Os delegados também fiscalizaram a prática de médicos, cirurgiões, barbeiros, enfim, de todos os que possuíam licença para exercer a medicina, além de combater o curandeirismo e de fiscalizar o comércio e a conservação de medicamentos, com visitas periódicas às boticas.[72]

---

69 SANTOS FILHO, Lycurgo. *História da medicina no Brasil*, v. 1, 1947, p. 152-155.

70 Cargos que funcionaram no Brasil desde o início da implantação da administração ultramarina (o primeiro delegado do Físico-Mor no Brasil foi o licenciado Jorge Fernandes, que chegou à Bahia em 1553) até 17 de junho de 1782, quando foi criada a Junta do Protomedicato. Esta, por sua vez, após ter transformado seu nome para Real Junta do Protomedicato em 1799, foi extinta logo após a chegada da Família Real portuguesa ao Brasil, quando se restabeleceram os cargos de Físico-Mor e Cirurgião-Mor. No entanto, mesmo com a criação da Junta, suas atribuições permaneceram idênticas às da Fisicatura e Cirurgicatura Mores. SANTOS FILHO, Lycurgo. *História da medicina no Brasil*, v. 1, 1947, p. 297-300.

71 NAVA, Pedro. *Capítulos da história da medicina no Brasil*, p. 48-49.

72 SANTOS FILHO, Lycurgo. *Op. cit.*, p. 299.

Este foi basicamente o quadro da arte da curar até o início do século XIX, quando um novo tipo de medicina começou a ganhar forma no Brasil: a medicina social. Restam ainda, no entanto, algumas questões em aberto, entre elas: se não havia um projeto bem definido de prevenção da saúde urbana, como teria surgido durante o Oitocentos, quais as condições de salubridade apresentadas pelo Rio de Janeiro no período que antecedeu a chegada de Dom João? Ou ainda, como aqueles que estiveram no Rio de Janeiro no período do vice-reinado registraram as condições de saúde da urbe e de seus habitantes?

Durante o século XVIII, muitos dos que viveram ou simplesmente passaram pelo Rio de Janeiro consideraram o clima da cidade um dos principais fatores de produção e disseminação das doenças que acometiam a população, opinião partilhada principalmente pelos europeus, originários de um clima mais ameno, típico das regiões temperadas.[73] Mas o clima da cidade não foi sempre referenciado pelos europeus como insalubre e doentio: no Brasil quinhentista e seiscentista, os viajantes estrangeiros que estiveram nos trópicos descreveram, em suas relações de viagem, um clima bastante salubre, agradável e temperado, condições que contribuíam para tornar o Novo Mundo um "paraíso terrestre", como afirmou Américo Vespúcio em sua narrativa *"Novus Mundus"*, publicada em 1503. Nicolas Barré, francês que acompanhou o cavaleiro da Ordem de Malta Nicolau Durand de Villegaignon ao Rio de Janeiro, entrando na baía de Guanabara em novembro de 1555 para dar início ao projeto de edificação da França Antártica no Brasil, ratifica a sensação de um clima ameno e saudável:

---

73 CAVALCANTI, Nireu. *O Rio de Janeiro Setecentista*, p. 37.

[...] o ar é temperado, tendendo mais para o calor que para o frio. O verão começa no mês de dezembro, quando o sol está sob o trópico. Durante essa estação, todas as tardes chove e troveja durante três horas; no restante do dia faz, como dizem os nativos, o mais belo tempo do mundo. Eis o que tenho a dizer sobre [...] a salubridade e a disposição do ar.[74]

Mas esta situação começa a mudar a partir da metade do século XVII: a tópica do clima temperado e salubre, mesmo que ainda presente nas narrativas de viagem seiscentistas e alvo de poucas contestações, passa a concorrer com descrições de um clima pouco agradável e bastante quente, percepção que se tornaria bem mais frequente durante o século seguinte;[75] como afirma Jean Marcel Carvalho França:

> [...] todavia, ao longo do século XVIII, malgrado a persistência da percepção do clima temperado e da reafirmação dessa ideia, o calor dos trópicos passa, num crescendo, a realmente tocar os visitantes estrangeiros e, sobretudo, a parecer-lhes bastante inóspito e insalubre. [...] O "quase paraíso" de Vespúcio, no entanto, por sorte não era composto somente pelo clima, que de ameno e salubre no século XVI passou, no final do século XVIII,

---

74 FRANÇA, Jean Marcel Carvalho. *Visões do Rio de Janeiro colonial*, p. 21.

75 Ao longo do século XVII, juntamente com a mudança de percepção sobre o clima do Brasil, a metáfora do "paraíso" é, em larga medida, deixada de lado, passando a ocupar seu lugar a metáfora da "primavera eterna". *Idem*. "O mundo natural e o erotismo das gentes no Brasil Colônia: a perspectiva do estrangeiro". In: *Revista Topoi*, v. 11, n. 20, jan.-jun. 2010, p. 16.

a merecer a reputação de excessivamente quente e, o que é pior, insalubre.[76]

Este é o clima que o tenente espanhol Juan Francisco de Aguirre, ao visitar o Rio de Janeiro em 1782, descreveu em sua narrativa de viagem:

> [...] a palidez estampada no semblante dos habitantes deixa claro que essa região é péssima para a saúde. Há quem afirme que isso se deve à temperatura, outros dizem que à alimentação, há ainda os que culpam a falta de ventilação e a diminuição das ventanias. A temperatura realmente é bastante elevada. Durante o verão, o termômetro, instalado no alto do castelo de São Sebastião, nunca marca menos do que 82°F, subindo até 86°. No inverno, os termômetros dificilmente marcam menos de 60°F. Essa temperatura, somada à alimentação, à falta de ventilação, ao curso regular dos ventos e à atmosfera, produz as deploráveis condições de saúde da população dessa cidade.[77]

Dez anos após a passagem de Aguirre pelo Rio de Janeiro, o inglês Samuel Holmes também relata que "o clima é quente e insalubre".[78] À insalubridade climática, retratada a partir do Setecentos, soma-se a péssima localização da cidade no que tange ao controle da disseminação de doenças. É comum entre aqueles que se encontravam no Rio de Janeiro a ideia de que, por ter sido a urbe construída em um terreno circundado por montanhas, o que dificultaria a circulação dos ventos pela

---

76 *Ibidem*, p. 17.
77 *Ibidem*, p. 164-165.
78 FRANÇA, Jean Marcel Carvalho. *Outras visões do Rio de Janeiro colonial*, p. 254.

região citadina, o ar seria maléfico à saúde dos habitantes; como afirma o tenente-capitão inglês Watkin Tench, que chegou ao Rio de Janeiro em 4 de setembro de 1787: "a cidade de São Sebastião situa-se do lado oeste do porto, num terreno baixo e insalubre, rodeado por montanhas. Tal localização impede a livre circulação do ar e expõe os habitantes a febres intermitentes e a doenças pútridas".[79] Também queixa-se do ar o vice-rei Marquês de Lavradio, em carta enviada a João Gomes de Araújo, de 23 de junho de 1770, em que diz: "não tenho passado bem porque o ar que aqui se respira é sumamente prejudicial à saúde".[80]

Entre as grandes causas da impureza do ar consideradas pelos contemporâneos do vice-rei estava a estagnação das águas em solo fluminense. Além dos alagadiços e mangues que circundavam a cidade, ambientes em que, como diz o Marquês de Lavradio, "com o extraordinário calor do sol se lhes corrompem as águas, onde nasce estarmos respirando um ar sumamente impuro",[81] também as chuvas torrenciais acabavam por alagar as ruas, empoçando água em diversos locais. É o que atesta George Staunton, ao passar pela cidade em 1792: o visitante comenta que um "fator extremamente nocivo para a saúde dos cariocas é a existência, no interior da cidade, de muitas águas estagnadas. Inúmeros são os pântanos que precisam ser drenados e cobertos".[82] Combine o acúmulo de águas pelas ruas e o calor escaldante que o sol dos trópicos oferece ao Rio de Janeiro para se ter uma ideia

---

79 Idem. *Visões do Rio de Janeiro colonial*, p. 189.
80 LAVRADIO, Marquês do. *Cartas do Rio de Janeiro* (1769-1776). Rio de Janeiro: Arquivo Nacional, 1975, p. 188.
81 *Ibidem*, p. 87.
82 FRANÇA, Jean Marcel Carvalho. *Visões do Rio de Janeiro colonial*, p. 200.

Uma Paris dos trópicos? 65

da situação das vias públicas encontrada pelos habitantes e visitantes da cidade. O memorialista Luiz Edmundo define--as com a seguinte expressão: "cada rua é uma artéria úmida e podre, secando ao sol".[83]

Tal podridão das ruas vinha também do fato de os habitantes locais utilizarem-nas como depósito de imundices; tudo era jogado nas vias públicas. Arremessava-se nas ruas todo e qualquer tipo de porcaria do interior das casas, principalmente nas ruas da Vala e do Cano, que funcionavam como espécie de via de escoamento das águas para fora da cidade. Mas, como se pode imaginar, as imundices funcionavam como barreiras, acumulando água e dejetos pelos caminhos públicos: esta era a origem de seu fétido odor. O mesmo Luiz Edmundo descreve o estado deplorável dos caminhos urbanos naqueles tempos:

> [...] o desvelo do Senado da Câmara não pode estender-se a todas as ruas da cidade. Fica entre três ou quatro das mais centrais, das mais concorridas, das mais passeadas pelo vice-rei. Triste e abandonada rua! Por vezes, em lugares onde não é intenso o trânsito, vê-se um verdoengo tapete de gramíneas desafiando o paladar dos animais, que nela vivem ou passeiam inteiramente à solta: cabritos, carneiros, porcos, cavalos, galinhas e perus. Ao mesmo tempo rua e pasto. E monturo, também; lugar onde se juntam, quase sempre, no mesmo sonho de decomposição, detritos de toda a natureza, animais mortos, a espurcícia das cozinhas, de envolta com as águas pútridas e até dejeções humanas. Não há nisto o menor exagero. [...] a rua, qualquer

---

83 EDMUNDO, Luiz. *O Rio de Janeiro no tempo dos vice-reis*. Rio de Janeiro: Aurora, v. 1, 1951, p. 11.

que ela seja em toda a cidade colonial, cheira mal. [...] só um nariz de todo insensível ao esterquilínio da centúria será capaz de entrar, heroicamente, sem uma contração, sem um só arrepio.[84]

Como transparece na descrição de Luiz Edmundo, a rua era uma espécie de lixão. Não é, pois, por acaso que o oficial da marinha britânica James Kingston Tuckey, em visita à cidade em 1803, afirme que "as febres, se não são inteiramente causadas, são consideravelmente multiplicadas pelos vapores tóxicos que emanam da sujeira acumulada nas ruas. Por aqui, as janelas são escapes noturnos para todas as coisas que a casa acumulou durante o dia".[85]

Outro grande problema de saúde originário das ruas decorria dos escravos que por elas circulavam, problema este apontado pelo vice-rei Marquês de Lavradio, que também determinou sua solução. Em relatório apresentado ao seu sucessor, Luiz de Vasconcelos, Lavradio assinala:

> [...] havia mais nesta cidade o terrível costume de que todos os negros que chegavam da costa da África a este porto, logo que desembarcavam, entravam para a cidade, vinham para as ruas públicas e principais dela, não só cheios de infinitas moléstias, mas nus; como aquela qualidade de gente, em quanto não tem mais ensino, são o mesmo que qualquer bruto selvagem, no meio das ruas onde estavam sentados em umas tábuas, que ali se estendiam, ali mesmo

---

84 EDMUNDO, Luiz. *O Rio de Janeiro no tempo dos vice-reis*, v. 1, 1951, p. 25-26.

85 FRANÇA, Jean Marcel Carvalho. *Outras visões do Rio de Janeiro colonial*, p. 270.

faziam tudo o que a natureza lhes lembrava, não só causando o maior fétido nas mesmas ruas e suas vizinhanças, mas até sendo o espetáculo mais horroroso que se podia apresentar aos olhos.[86]

Para remediar esta situação, o vice-rei ordenou que todos os escravos "logo que dessem sua entrada na Alfândega pela parte do mar, tornassem a sair e embarcassem para o sítio chamado Valongo, que é no subúrbio da cidade, separado de toda a comunicação".[87] Com isso, Lavradio procurou, além de privar os moradores do mencionado "espetáculo horroroso", conter a disseminação de doenças trazidas pelos negros, afastando os focos geradores das moléstias – a aglomeração de escravos doentes nas principais vias públicas – para longe de onde se concentrava a população local.

Mas a insalubridade de São Sebastião não se restringia apenas a suas ruas, ela estendia-se também às casas. Insalubridade decorrente, além dos hábitos anti-higiênicos da população,[88] ou dos "preguiçosos e sujos costumes dos

---

86 "Relatório do Marques de Lavradio, vice-rei do Rio de Janeiro, entregando o governo a Luiz de Vasconcellos e Sousa, que o sucedeu no vice-reinado". In: *Revista Trimestral de História e Geografia ou Jornal do Instituto Histórico e Geográfico Brasileiro*, v. 16, jan. 1843, p. 450-451.

87 "Relatório do Marques de Lavradio, vice-rei do Rio de Janeiro, entregando o governo a Luiz de Vasconcellos e Sousa, que o sucedeu no vice-reinado". In: *Revista Trimestral de História e Geografia ou Jornal do Instituto Histórico e Geográfico Brasileiro*, v. 16, jan. 1843, p. 451.

88 Como afirma Jurandir Freire Costa, "na Colônia, a conduta anti-higiênica dos habitantes era um dos empecilhos fundamentais à saúde da cidade. A administração procurava atacar a dificuldade com o auxílio de almotacés de limpeza. Esta ação vigilante da justiça operava no mesmo universo de punição

colonos",⁸⁹ como os denominou James Kingston Tuckey, das próprias construções. O que sempre chamou a atenção dos estrangeiros que visitaram o Rio de Janeiro foi a utilização de gelosias nas janelas das casas. Tais gelosias eram uma espécie de treliça de madeira bem fechada, localizada nas fachadas, que bloqueavam a visibilidade dos transeuntes para os domínios internos da morada, o que dificultava a passagem de ar para o seu interior, tornando-a mais deletéria, além de diminuir seu contato com a rua e rarear a iluminação de seus cômodos, detalhe que lhe conferia um aspecto sinistro e de clausura.⁹⁰ O resultado, ao somarem-se o clima úmido e quente da cidade à pouca luminosidade e troca de ar do interior das casas, eram residências completamente inadaptadas às condições climáticas locais, residências tomadas pelo bolor, limo e mofo.⁹¹

A despeito de toda a falta de saúde que reinou durante a época colonial, no período dos vice-reis começa a se desenvolver um novo tipo de preocupação com a salubridade do Rio de Janeiro. O final do século XVIII marcou um período de transição entre a medicina colonial e a medicina social, quando o planejamento urbano começou a despontar como preocupação da administração do Senado da Câmara, que passou a ver no médico um consultor sobre os assuntos de doença.⁹²

---

que caracterizava a represália aos marginais. Ela era descontínua, fragmentar e, acima de tudo, não sabia prevenir". COSTA, Jurandir Freire. *Ordem médica e norma familiar*, p. 29.

89 FRANÇA, Jean Marcel Carvalho. *Outras visões do Rio de Janeiro colonial*, p. 261.

90 Idem. *Literatura e sociedade no Rio de Janeiro oitocentista*. Lisboa: Imprensa Nacional/Casa da Moeda, 1999, p. 18.

91 EDMUNDO, Luiz. *O Rio de Janeiro no tempo dos vice-reis*, v. 1, 1951, p. 47-48.

92 MACHADO, Roberto *et al*. *Danação da norma*, p. 142-149.

Uma Paris dos trópicos? 69

Assim, a Câmara organizou, em 1798, uma reunião com os melhores médicos da cidade para desvendar as causas da insalubridade do Rio de Janeiro. Neste encontro, cujos dados complementam o cenário das poucas condições de saúde da cidade e dos habitantes apresentado até aqui, os físicos foram consultados para responder as seguintes questões propostas pelo Senado:

> 1° Quais são as moléstias endêmicas da cidade do Rio de Janeiro e quais as epidêmicas. 2° Se é uma das principais causas das primeiras e do mau sucesso das segundas, o clima nimiamente úmido e quente. 3° Se são causas da umidade: 1° a suma baixeza do pavimento da cidade relativamente ao mar e baía, que cerca pelos três lados de és-sudeste, nordeste e nor-nordeste, de sorte que apenas se eleva do nível das águas das marés cheias de 5 a 11 palmos desde as praias até a maior distancia delas no campo de Santana, distante do mar 700 braças; 2° a pouca expedição que tem as águas das chuvas copiosíssimas, principalmente de verão, e enxugadas então quase só à força do grande calor do sol, mas em muitas partes sempre estagnadas; 3° a pouca circulação do ar pelas ruas da cidade e interior dos edifícios. 4° Se são causas do calor: 1° o impedimento que fazem à entrada dos quotidianos ventos matutinos ou terrais que sopram da parte do nordeste, norte e noroeste, os morros que correm de São Bento até São Diogo, na direção de és-nordeste, e à dos vespertinos ou virações mais fortes que os primeiros, constantes da parte do sudeste, sul e sudoeste, os morros do Castelo, Santo Antônio e Fernando Dias paralelos aos outros, de sorte que fica a cidade

situada entre as duas cordas dos ditos morros, e inteiramente ao abrigo dos ventos; 2° a direção das ruas ao nordeste e sudoeste de sorte que todas as casas são banhadas do sol inteiramente de manhã e de tarde. 5° Se são causas das mesmas doenças: 1° as imundices que se conservam dentro da cidade; 2° as águas estagnadas nos seus arrabaldes, como em Mataporcos e Catete, pela baixeza do mesmo terreno. 6° Quanto deverá ser elevado o pavimento da cidade e os edifícios para remediar aquela umidade e haver saída para as imundices. 7° Quais são as outras causas morais e dietéticas das ditas doenças.[93]

De acordo com o médico Manoel Joaquim Marreiros, um dos consultados pela Câmara, por detrás da insalubridade do Rio de Janeiro existiria tanto uma "causa universal", de ordem natural, quanto causas "não-naturais", produzidas pelo homem. A dita causa natural era o clima da cidade: "quente", "úmido" e com "contínua variação da temperatura atmosférica". O clima seria ainda mais prejudicial ao combinar-se com a localização da urbe: "circulada por uma cadeia de serras [...], mananciais de copiosíssimas águas, as quais [...] em muitas partes estagnam, pela pouca inclinação do terreno, todo baixo a respeito do nível do mar, evaporando-se lentamente por falta do movimento do ar: este degenera da sua pureza".[94] Aliado a isso tudo, atuavam também as causas "não-naturais":

1ª. a direção de algumas ruas dispostas a estorvar que transitem livremente pelas casas

---

93 *O Patriota*, jornal literário, político, mercantil do Rio de Janeiro, v. 1, n. 1, jan. 1813, p. 58-59.

94 *Ibidem*, p. 60.

> de tarde a viração, e de manhã o terral, únicos corretivos do vicio do ar; 2ª. a mal entendida construção de casas com pequena frente e grande fundo, própria a diminuir os pontos de contato de ar externo com o interno; e sendo assim 3ª. o terreno naturalmente úmido sobre que assentam as ditas casas, feito de pior condição pelas muitas águas sujas indiscretamente lançadas nas chamadas áreas das casas, as quais não obstante serem descobertas, mal chega algum raio do sol perpendicular e menos alguma partícula do ar livre; 4ª. o desasseio das praças proveniente dos despejos, cujos eflúvios voltam para a cidade envoltos com os ventos, e os podem fazer pestíferos; as igrejas loucamente recheadas de cadáveres por uma indiscreta devoção; a Vala, o Cano, a cadeia, os esterquilínios vagos, enfim, tantos depósitos de imundices.[95]

O médico ainda aponta que a má alimentação dos fluminenses contribuiria para intensificar os seus problemas de saúde, alertando que "é muito nocivo o uso do peixe, facílimo a corromper-se".[96] Contudo, após delimitar os possíveis problemas de salubridade do Rio de Janeiro, Marreiros propõe algumas soluções:

> [...] não podendo evitar-se o dano que provém de ficar a cidade abafada pelas montanhas, destas, contudo, se pode tirar algum partido fazendo que sejam cobertas de arvoredo, o qual mostra a experiência quanto aí prospera. [...] 1° exteriormente, em elevar e abaixar o terreno nos diversos lugares,

---

95 *O Patriota*, v. 1, n. 1, jan. 1813, p. 62-63.
96 *Ibidem*, p. 63.

como for conveniente para evitar o estagno das águas; interiormente, em examinar se as casas se acham com os seus canos desembaraçados para a expedição das águas da chuva, admoestando os habitantes (vista a impossibilidade de coação a este respeito) para que não lancem outras impuras nas suas pequenas áreas, pelo dano que lhes resulta de semelhante desatino. 2.º Em providenciar ao despejo da cidade, de sorte que se evite a fazer-se ao longo das praias, donde não havendo saída pela fraca ação da maré em tais sítios se exala o mais pestífero cheiro que todos experimentam. [...] Já tem sido lembrado o arbítrio das barcas, que recebendo os despejos por pontes as mais extensas, que possível for, na hora da vazante, sejam conduzidas a reboque até fora da Barra, onde por válvulas se desonerem. [...] fazer o despejo quotidiano da cadeia, cujo cano devia ser entulhado; da mesma sorte a respeito dos Hospitais. Não deve esquecer a reforma e concerto da Vala e Cano, de sorte que deixem de ser um depósito infernal de imundice.[97]

Tal qual Manoel Joaquim Marreiros, outros dois médicos apresentaram seus pareceres sobre as questões levantadas pela Câmara: Bernardino Antonio Gomes e Antonio Joaquim de Medeiros, cujos problemas levantados e as soluções apontadas assemelham-se bastante àqueles propostos por Marreiros. Basicamente, os transtornos de ordem natural – como o clima, o calor, a umidade, a localização da urbe entre os morros etc. –, bem como aqueles criados pelos moradores – como a imundice das ruas, as águas estagnadas pela precariedade

---

97 *Ibidem*, p. 65-67.

Uma Paris dos trópicos? 73

das vias de escoamento; a construção de casas de baixa elevação em relação ao solo, que acarretaria constante umidade às residências; a estreiteza das ruas, que dificultariam a circulação de ar; a péssima alimentação, somando-se ao peixe o consumo de bananas, mandioca, arroz, feijão, malte e de carne seca –, são retomados por Gomes e Medeiros. Mas, além disso, ambos os físicos refletem sobre outros problemas também criados pelos próprios moradores, problemas tidos como empecilhos à saúde dos habitantes locais, a saber: primeiro, a imundice doméstica originada da escravatura, pois, uma vez que muitos dividiam pequenos ambientes onde habitavam, "qual será o ar destes pequenos aposentos respirado por muitas pessoas por natureza e condição imundas?",[98] perguntava o médico; segundo, a vida sedentária dos habitantes, pois "o exercício é depois do alimento o principal esteio da saúde, e daqui vem que, tudo o mais igual, os que fazem mais exercício são os que gozam melhor saúde";[99] e terceiro, a prostituição, proveniente do luxo e da depravação dos costumes, "de maneira que dentro da cidade não faltam casas públicas onde a mocidade vai estragar sua saúde e corromper os costumes de uma boa educação, contraindo novas enfermidades e dando causas para outras tantas".[100]

Apesar, porém, da grande semelhança entre os pareceres dos três médicos, há ao menos uma diferença entre suas opiniões no tocante à pelo menos uma questão: o que fazer com os morros que circundam o Rio de Janeiro? Para Marreiros, como já apontado, era necessário melhor

---
98 *O Patriota*, jornal literário, político, mercantil do Rio de Janeiro, v. 1, n. 2, fev. 1813, p. 60.
99 *Ibidem*, p. 62.
100 *O Patriota*, jornal literário, político, mercantil do Rio de Janeiro, v. 1, n. 3, mar. 1813, p. 10-11.

arborizá-los, pois isso traria maior regeneração do ar, o que resultaria na melhora de sua qualidade. Já para os outros dois físicos era necessário "que se arrasasse o morro do Castelo e o de Santo Antônio",[101] ou ao menos "que se demolisse parte de um e de outro morro",[102] facilitando, assim, a circulação do ar pela cidade.

Como se vê, durante o vice-reinado começa a delimitar-se um novo tipo de preocupação médica com a cidade, preocupação que, apesar de passar pela ideia de planejamento sanitário, ainda não é o suficiente para definir um novo tipo de medicina, a medicina social. Isso porque, neste período, a medicina ainda tem a função de legitimar o saber do poder institucional, na "passividade de um saber-resposta", ao buscar, consultivamente, solucionar, dentro de seu campo de conhecimento, os problemas e questões apresentados pelo poder central. Assim, a medicina não era compreendida, como acontecerá com a medicina social no Oitocentos - e que será analisada no capítulo seguinte -, "como uma prática política específica, como um poder especializado que deve assumir a responsabilidade dos indivíduos e da população atuando sobre as condições naturais e sociais da cidade".[103]

Depois de analisar alguns aspectos da polícia e da medicina antes de 1808, análise que dá uma ideia ainda vaga de São Sebastião do Rio de Janeiro, cabe agora responder a uma questão mais específica: que cidade encontrou a casa de Bragança ao desembarcar? Dito de outro modo: como foi registrada a aparência da cidade por aqueles que nela estiveram durante o período dos vice-reis? Em parte, a resposta para esta questão vem sendo dada desde o início do capítulo, especialmente em

---

101 *Ibidem*, p. 13.
102 *O Patriota, op. cit.*, p. 61.
103 MACHADO, Roberto *et al. Danação da norma*, p. 149.

Uma Paris dos trópicos? 75

relação à segurança e à saúde públicas. Todavia, resta ainda complementar alguns aspectos necessários para o entendimento do Rio de Janeiro que recebeu o príncipe Dom João no início do Oitocentos.

O que sempre chamou a atenção daqueles que vieram aos trópicos, tanto portugueses como estrangeiros, foi a exuberância da paisagem fluminense. Inúmeros foram os viajantes que, desde o descobrimento do Brasil, acentuaram, em seus livros de viagem, a beleza do mundo natural. É o caso de Nicolas Barré, que esteve no Brasil em 1555:

> [...] a baía é bela e fácil de fixar na memória, pois sua entrada é estreita e fechada de ambos os lados por duas altas montanhas. [...] O rio referido é tão espaçoso que todos os navios do mundo poderiam aí ancorar com segurança; sua superfície é cheia de belas ilhas, todas cobertas de verdes bosques.[104]

Tal imagem perdurará nas narrativas durante todo o período colonial, como é possível constatar pelas impressões de John Barrow, integrante da missão diplomática de Lorde Macartney, que esteve no Rio de Janeiro em 1792:

> [...] após atravessar esse estreito canal, a vista mais magnífica que pode oferecer a natureza descortina-se aos nossos olhos maravilhados. Imagine, leitor, o que é estar diante de uma imensa porção de água, circundada por trinta milhas de esplendorosa floresta e por majestosas montanhas, montanhas cujos cumes, elevados e disformes, se ocultam nas nuvens e assumem uma coloração ora azul, ora púrpura. Imagine o que é ver essa porção

---

104 FRANÇA, Jean Marcel Carvalho. *Visões do Rio de Janeiro colonial*, p. 20.

de água alargar-se gradualmente por 12 ou 14 milhas, a contar da estreita entrada do porto, e formar um imenso lago coberto por inúmeras pequenas ilhas de diferentes formatos, todas revestidas por abundante, variada e colorida vegetação e por belos arbustos odoríficos, semeados em grande quantidade pela própria natureza. Imagine, ainda, essa bela porção de água, emoldurada, de ambos os lados, por verdes colinas de altura média – que se elevam umas acima das outras conformando uma espécie de anfiteatro –, em meio às quais pode-se avistar ao longe numerosas angras, deliciosos vales e murmurantes riachos. Imagine, enfim, leitor, uma sequência de montes Edgecombes ao redor de um lago com pelo menos cem milhas de circunferência, localizado numa região onde a primavera é eterna. Imagine tudo isso, e ainda assim não terá senão uma ideia imperfeita do magnífico quadro que a baía do Rio de Janeiro oferece aos olhos.[105]

Mas em meio a este cenário tão pitoresco avista-se uma mancha na paisagem natural. Contrastando com a beleza da natureza, surge a cidade: feia, suja, mal cheirosa e violenta; centro de proliferação de epidemias e de toda uma gama de doenças. Sua bela paisagem circundante não era capaz de amenizar o desagradável impacto que causava àqueles que, de seus navios, viam aproximar-se o Rio de Janeiro. James Kingston Tuckey, oficial da marinha britânica que esteve em São Sebastião em 1803, registra bem esta situação ao afirmar que "vista da baía, a cidade não é deselegante.

---

105 FRANÇA, Jean Marcel Carvalho. *Visões do Rio de Janeiro colonial*, p. 212.

A boa impressão, contudo, desvanece à medida que nos aproximamos".[106] Assim como Tuckey, muitos foram os estrangeiros que, se por um lado destacaram a beleza natural da região, por outro enfatizaram a precariedade da urbe. Desde a criminalidade e a insalubridade das ruas, passando pela aparência das construções e pelos costumes dos habitantes, quase tudo suscitou críticas de quem esteve no Rio de Janeiro colonial. A começar pelas ruas: em 1792, John Barrow afirmou que elas eram, "com raras exceções, muito estreitas; as principais são pavimentadas dos dois lados com largas pedras de granito. Não se deve esperar que as ruas de uma colônia portuguesa tenham calçadas, afinal, esse é um luxo que raramente se encontra fora da Inglaterra".[107] Entre as ditas exceções, os visitantes destacaram a Rua Direita, a principal da cidade. De acordo com John White, que visitou a urbe em 1787, "essa rua é larga, bem construída e repleta de belas lojas. Nenhuma das restantes vias públicas do Rio de Janeiro se compara a essa, pois são muito estreitas e as calçadas não permitem que duas pessoas caminhem lado a lado".[108]

Apesar da aparência precária das ruas, que também eram bem pouco iluminadas, fator que contribuía para as contravenções noturnas, os visitantes também registraram alguns esforços dos governantes no sentido de melhorar a qualidade das vias urbanas. É o caso do espanhol Juan Francisco de Aguirre que, após lançar âncora na baía fluminense, em março de 1782, afirma que "o anterior vice-rei, o Marquês de Lavradio, ampliou consideravelmente a área calçada da cidade e colocou passeios laterais em muitas vias públicas. Como essas são muito retas, tais benfeitorias causam, não se pode

---

106 Idem. *Outras visões do Rio de Janeiro colonial*, p. 260.
107 *Idem. op. cit.*, p. 216-217.
108 *Ibidem*, p. 183.

negar, um efeito muito bonito e enobrecem esta capital".[109] Além do calçamento, Lavradio incentivou a fiscalização das testadas das casas, procurando coibir o despejo de imundices nas ruas pelos habitantes da cidade.[110] O estado das ruas foi uma das preocupações de Lavradio, como menciona o próprio vice-rei em seu relatório dirigido ao seu sucessor, Luiz de Vasconcelos e Souza:

> [...] por este modo consegui por as ruas da cidade como V. Ex. tem visto, fazerem-se mais duas fontes públicas, muitas pontes, concertarem-se os caminhos, juntar e entulharem-se infinitos pântanos que haviam na cidade, origem de infinitas moléstias. [...] Abriram-se novas ruas para se fazer melhor comunicação da cidade, e daqui por diante se continuarão a fazer muitos outros úteis serviços.[111]

Além das ruas, as construções urbanas também foram pessimamente avaliadas pelos visitantes estrangeiros, com exceção de alguns edifícios públicos e algumas igrejas, mas que somente assumiam certo destaque se comparados à monotonia das casas. Entre os prédios que mais chamaram a atenção daqueles que estiveram no Rio de Janeiro colonial encontram-se o "palácio dos vice-reis - que está longe de

---

109 FRANÇA, Jean Marcel Carvalho. *Visões do Rio de Janeiro colonial*, p. 152.

110 PIZARRO E ARAÚJO, José de Souza Azevedo. *Memórias históricas do Rio de Janeiro*. Rio de Janeiro: Imprensa Nacional, v. 7, 1948, p. 41.

111 "Relatório do Marques de Lavradio, vice-rei do Rio de Janeiro, entregando o governo a Luiz de Vasconcellos e Sousa, que o sucedeu no vice-reinado". In: *Revista Trimestral de História e Geografia ou Jornal do Instituto Histórico e Geográfico Brasileiro*, v. 16, jan. 1843, p. 449.

ser faustoso –, a casa da moeda, as cavalariças reais, a cadeia e a ópera, [...] aos quais é preciso juntar ainda alguns vastos conventos, situados em lugares privilegiados, e muitas igrejas, sobrecarregadas de ouro, prata e pradarias",[112] como diz Friedrich Langstedt, de passagem pela cidade em 1782. Mas, na opinião dos estrangeiros, mesmo estes edifícios mais suntuosos não possuíam quase nada de memorável. O visitante inglês John Barrow, em 1792, salientou que o palácio do vice-rei era "uma construção muito simples, que não chama a atenção nem pela elegância de sua arquitetura nem pelo tamanho".[113] Presente na mesma embarcação de John Barrow, o soldado inglês Samuel Holmes refere-se ao palácio do vice-rei como "arquitetonicamente medíocre".[114] Já as igrejas foram mais bem avaliadas pelos visitantes, muitas vezes devido ao seu interior, repleto de ouro e outras relíquias, que contrastava com sua singela arquitetura.[115] George Barrington, um irlandês batedor de carteiras que esteve no Brasil em 1791, afirma que "o interior das igrejas é fartamente decorado e em muitas delas podem ser encontrados belos órgãos e valiosos quadros".[116] Em relação à arquitetura fluminense, Nireu Cavalcanti aponta o motivo da ausência de belos edifícios na capital do vice-reinado:

> [...] continuam também visíveis pela ausência de investimentos em obras de urbanização coerentes com sua magnitude – afinal

---

112 FRANÇA, Jean Marcel Carvalho. *Op. cit.*, p. 171-172.
113 *Ibidem*, p. 214.
114 *Idem. Outras visões do Rio de Janeiro colonial*, p. 253.
115 SANTOS, Luiz Gonçalves dos. *Memórias para servir à história do reino do Brasil*, p. 23-56.
116 FRANÇA, Jean Marcel Carvalho. *Visões do Rio de Janeiro colonial*, p. 195.

era a segunda mais importante cidade da monarquia portuguesa –, pela carência de prédios públicos monumentais, para abrigar o Tribunal da Relação, a Casa da Moeda, a Casa dos Vice-Reis (proibida de ser chamada de palácio), a Casa da Câmara, a Casa dos Contos (Erário Régio) e a Alfândega; pela inexistência de hospitais e estabelecimentos de ensino e tantos outros que poderiam embelezar a cidade, sem mencionar a interrupção da construção da Sé Catedral, sempre a edificação marcante das cidades do Reino Português. Por falta de investimentos públicos – desviados para a guerra – esses órgãos e serviços quase sempre ocupavam prédios adaptados. Mesmos os construídos especialmente para abrigar a Alfândega, o Senado da Câmara e a cadeia eram acanhados e contidos, denunciando os poucos recursos aplicados em suas construções. Por essa razão, [...] os melhores e mais imponentes prédios construídos no Rio de Janeiro colonial pertenciam a particulares, tanto os palácios residenciais dos ricos da época, como as igrejas, conventos, mosteiros e seminários edificados pelas irmandades, ordens religiosas ou pelo clero secular.[117]

O projeto de colonização instituído pela metrópole, como se nota, tinha outras prioridades antes de investir no aformoseamento das construções urbanas. Excetuando-se os edifícios religiosos e as residências de alguns dos homens mais ricos, nada de pitoresco podia ser visto em meio às construções citadinas. Estas eram mal edificadas, sem simetria, de aspecto inseguro, inadaptadas ao clima tropical, sem higiene

---

117 CAVALCANTI, Nireu. *O Rio de Janeiro Setecentista*, p. 54.

e pessimamente mobiliadas.[118] O oficial inglês James Kingston Tuckey, de passagem pela urbe em 1803, descreve a aparência das casas nos seguintes termos:

> [...] as ruas, apesar de retas e regulares, são sujas e estreitas, estreitas ao ponto de o balcão de uma casa quase se encontrar com o da casa em frente. As casas, a propósito, têm comumente dois andares altos e independentes do térreo. Esse é ocupado por uma loja ou por uma adega, em geral, muito suja, quente e insalubre. A escada que dá acesso aos andares superiores é inclinada e desprovida de luminosidade. O interior revela que a distribuição dos cômodos não levou em consideração nem a livre circulação do ar nem a beleza da perspectiva. A mobília aí encontrada, ainda suntuosa, ofende os olhos acostumados à simplicidade elegante, pois peca pelo excesso de enfeites. Por todo lado, nas paredes e nos forros, as aranhas tecem as suas teias e, em segurança, executam os seus negócios sanguinários. A residência dos ricos conta com janelas envidraçadas, o que só contribui para intensificar a luz solar e tornar o calor insuportável. Na maioria das casas, porém, as venezianas são de treliça. Escondidas atrás de tais proteções, as mulheres, ao entardecer, reúnem-se para desfrutar da brisa, que nem sempre é muito aromática.[119]

---

118 EDMUNDO, Luiz. *O Rio de Janeiro no tempo dos vice-reis*, v. 1, 1951, p. 45-53.
119 FRANÇA, Jean Marcel Carvalho. *Outras visões do Rio de Janeiro colonial*, p. 260-261.

Malgrado toda a precariedade do Rio de Janeiro colonial, algumas medidas foram tomadas pelos vice-reis para torná--lo um lugar mais aprazível. Além daquelas já mencionadas no decorrer do capítulo somam-se outras, como informa em carta o primeiro vice-rei, Conde da Cunha, afirmando que em seu governo reedificou o palácio dos vice-reis, quatro fortalezas - Santa Cruz, São João, Praia Vermelha e Vila-Galhão -, o Hospital Militar, a Casa da Relação e a Cadeia, além de construir a Casa das Armas e os Armazéns da pólvora.[120] O Conde de Azambuja dedicou-se principalmente à fortificação do litoral,[121] assim como seu sucessor, o vice-rei Marquês de Lavradio, que, além de reformar os fortes já existentes, teria construído novas fortalezas e aumentado a guarnição da cidade, entre outras medidas que visavam à proteção da urbe frente aos perigos externos e internos. Mas, como assinala Gastão Cruls, "não foi apenas no aparelhamento bélico que se condensaram as atividades do Marquês de Lavradio. Cuidou também da cidade. Deu-lhe casas. Regularizou-lhe as ruas. Dotou-a de um chafariz para atender os moradores da Lapa e cercanias".[122] O Governo de Luís de Vasconcelos seguiu o mesmo caminho de seu antecessor. Entre suas principais obras encontram-se a abertura do Passeio Público, o alargamento do Largo do Paço, com a construção de um chafariz e de um cais, a criação da Casa dos Pássaros, origem do Museu Nacional, além da reedificação da casa da Alfândega, "para só citar os seus empreendimentos máximos, que obscurecem

---

120 "Correspondência do Conde da Cunha". In: *Revista Trimestral do Instituto Histórico e Geográfico Brasileiro*, v. 254, jan-mar 1962, p. 393.

121 MACHADO, Lourival Gomes. "Política e administração sob os últimos vice-reis". In: HOLANDA, Sergio Buarque de (dir.). *História geral da civilização brasileira*, tomo I, v. 2, 1960, p. 367.

122 CRULS, Gastão. *Aparência do Rio de Janeiro*, v. 1, 1965, p. 187.

Uma Paris dos trópicos?

outros não despiciendos como o cordeamento de muitas ruas, a melhoria da iluminação pública, [...] e finalmente a instalação do Calabouço".[123]

No entanto, apesar da preocupação dos governantes locais em tomar medidas para urbanizar o Rio de Janeiro, preocupação encontrada principalmente durante a segunda metade do século XVIII, as providências tomadas são ainda bastante acanhadas, ainda mais se comparadas àquelas colocadas em prática depois da chegada da corte, em 1808; como salienta Luiz Edmundo, após o governo de Luiz de Vasconcelos:

> [...] faz-se, no entanto, pouco, muito pouco. Aterra-se a Lagoa do Boqueirão, traça-se o Passeio Público. Até o Sr. Conde de Rezende e D. Fernando Portugal, que lhe sucedem, nada ou quase nada mais se faz. Melhorar o país? Para que? O Sr. Conde dos Arcos tem um governo rápido. Fugindo aos soldados de Napoleão, chega, depois disso, a Corte portuguesa, de Lisboa. Ano de 1808. A cidade não mudou. É a mesma. [...] A cidade, na alvorada do século XIX, é o que era há 200 anos atrás: uma estrumeira.[124]

Assim, é somente com a chegada da família real portuguesa que o Rio de Janeiro conhecerá verdadeiramente uma política pública intensa de urbanização, ou seja, é somente com a transladação da corte lusitana para o Brasil, em 1808, que São Sebastião começa, efetivamente, a adquirir contornos

---

123 Ibidem, p. 194.
124 EDMUNDO, Luiz. *O Rio de Janeiro no tempo dos vice-reis*, v. 1, 1951, p. 10-12.

mais parecidos aos de cidades como Paris e Londres; como lembra Nireu Cavalcanti:

> [...] sem sombra de dúvida, nenhum outro fato de tamanha magnitude política até então ocorrera que pudesse se responsabilizar por tantas e rápidas mudanças nos âmbitos econômico, cultural e urbanístico daquela cidade quanto a decisão estratégica de se 'transplantar a Metrópole' para a colônia.[125]

Desse modo, o que pôde ser visto no decorrer deste capítulo foi um Rio de Janeiro colonial de contornos bastante inóspitos: uma estrutura urbana que oferecia pouca proteção aos seus habitantes frente a um possível ataque estrangeiro, apesar da constante preocupação dos governantes com a preservação da colônia; um lugar onde os habitantes locais viviam inseguros e em constantes contendas com os estrangeiros visitantes, vistos como inimigos e invasores em potencial; uma cidade em que a polícia encontrava-se desorganizada e despreparada para conter a criminalidade, que não parecia deixar de florescer em suas vias públicas; um território deletério, com suas ruas e casas tanto sujas quanto mal construídas; uma urbe insalubre, em que a medicina profissionalizada pouco intervinha, resumindo-se a combater as moléstias disseminadas em vez de preveni-las. No entanto, se a precariedade do Rio de Janeiro começa a ser problematizada pelas autoridades em fins do Setecentos, somente com a transferência dos Bragança para os trópicos, no início do século XIX, é que a capital brasileira passará a receber um cuidado mais especial e intenso. Assim, as transformações do Rio de Janeiro executadas após 1808 constituirão o objeto de análise do próximo capítulo, que se concentrará, de maneira geral, na atuação

---

125 CAVALCANTI, Nireu. *O Rio de Janeiro Setecentista*, p. 95.

da polícia e da medicina na europeização de São Sebastião, tendo em vista o novo desenvolvimento institucional e as novas atribuições desses dois campos de poder, que passaram a convergir em direção a uma prática de intervenção social centrada em novas estratégias de controle e normatização da sociedade, a saber: a civilizatória.

2. POLÍCIA E MEDICINA NO SÉCULO XIX

"Não havia beco nem travessa, rua nem praça, onde não se tivesse passado uma façanha do senhor major para pilhar um maroto ou dar caça a um vagabundo [...]. Quando algum dos patuscos daquele tempo (que não gozava de grande reputação de ativo e trabalhador) era surpreendido de noite de capote sobre os ombros e viola a tiracolo, caminhando em busca de súcia, por uma voz branda que lhe dizia simplesmente 'venha cá; onde vai?' o único remédio que tinha era fugir, se pudesse, porque com certeza não escapava por outro meio de alguns dias de cadeia".

"Lá para as bandas do mangue da Cidade Nova, havia, ao pé de um charco, uma casa coberta de palha da mais feia aparência, cuja frente suja e testada enlameada bem denotavam que dentro o asseio não era muito grande".

"A princípio a moléstia pareceu coisa de pouca monta, e a comadre, que foi a primeira chamada, pretendeu que todo incômodo desapareceria dentro de dois dias, tomando o doente alguns banhos de alecrim. Nada, porém, se conseguiu com a receita; o mal continuou. Recorreram então a um boticário conhecido da comadre, que juntara ao seu mister, não sabemos se com permissão das leis ou sem ela, o mister de médico".

Manuel Antonio de Almeida,
Memórias de um sargento de milícias

O desembarque da corte portuguesa no Brasil, em 1808, marcou o início de um novo tipo de experiência social – de ordem urbana – que gradativamente substituiu a paisagem social colonial – de ordem rural.[1] Com a escolha do Rio de Janeiro para sede da monarquia lusitana, a cidade tornou-se o

---

1   Na análise de Gilberto Freyre, após a descoberta do ouro em Minas Gerais, mas, principalmente, após a chegada de Dom João ao Brasil, ocorreu uma significativa mudança na paisagem social patriarcal brasileira, a partir da diminuição do poder dos senhores de engenho em favorecimento do desenvolvimento das cidades. Gilberto Freyre atribui aos intermediários judeus um papel central neste processo, pois, num primeiro momento, financiaram os senhores de engenho, mas, posteriormente e juntamente com o Estado, voltaram seus olhos para as cidades, intensificando a crise rural e a adaptação das formas do patriarcado ao mundo urbano em formação. Ainda segundo Freyre, outro fator que contribuiu para tal mudança foi a inadequação do mundo rural para receber os filhos letrados dos senhores de engenho (advogados, médicos etc.), que não se adaptavam mais à realidade extra-urbana. Cf. FREYRE, Gilberto. *Sobrados e mucambos*: decadência do patriarcado rural e desenvolvimento do urbano. São Paulo: Global, 2004.

epicentro deste novo tipo de experiência social, transformando-se, durante o século XIX, em uma espécie de laboratório em que eram testadas as primeiras medidas civilizatórias implantadas no país, medidas que, posteriormente, poderiam ser ou não aplicadas ao restante do Brasil.[2]

Foi a partir da chegada de Dom João que a cidade do Rio de Janeiro começou a abandonar suas características coloniais, inaugurando um processo de formação de uma sociedade urbana. Até então, como vimos no capítulo anterior, o Rio de Janeiro não era mais que uma mesquinha urbe colonial, dotada de características "pouco civilizadas". A partir de 1808, no entanto, esta situação começa a se modificar. Influenciado pelos modos mais civilizados e cultos de uma corte europeia, bem como pela vasta gama de estrangeiros que desembarcaram nos trópicos após a abertura dos portos, o Rio de Janeiro transformou-se na mais importante cidade do Brasil oitocentista.

A presença da corte e dos estrangeiros que chegaram após 1808 intensificou o contato do Brasil com a civilização europeia, uma vez que, durante o período colonial, a América portuguesa teria se afastado culturalmente da Europa, aproximando-se da África e do Oriente; como salienta Gilberto Freyre:

> [...] quase que tinham sido transplantados para cá pedaços inteiros e vivos, e não somente estilhaços ou restos, dessas civilizações extra-europeias; e utilizando o elemento indígena apenas como o grude humano que ligasse à terra todas aquelas importações da África e da Ásia, e não apenas as europeias.

---

2   MATTOS, Ilmar Rohloff de. *O tempo saquarema*. São Paulo: Hucitec, 2004, p. 264 et. seq.

Uma Paris dos trópicos? 91

A colônia portuguesa da América adquirira qualidades e condições de vida tão exóticas – do ponto de vista europeu – que o século XIX, renovando o contato do Brasil com a Europa – que agora já era outra: industrial, comercial, mecânica, a burguesia triunfante – teve para o nosso país o caráter de uma reeuropeização.[3]

A partir do contato com elementos provenientes do Velho Mundo, a capital brasileira desenvolveu e modernizou seu espaço urbano, incrementou-se culturalmente e obteve um grande impulso em suas atividades sociais, econômicas e políticas, que se tornaram cada vez mais complexas.[4] Os hábitos, costumes e comportamentos nativos também se transformaram: como afirma Oliveira Lima, "muito mais do que o gosto das artes, ciência e indústrias, fez o contato europeu desenvolver-se no reino ultramarino o gosto do conforto, do luxo e dos encantos da vida social".[5]

Com a colônia ocupada pela casa de Bragança, a imprevisibilidade do retorno da família real para Portugal e as condições da cidade encontradas pelo monarca e sua corte, tornou-se necessário, rapidamente, dotar o Brasil de algumas instituições que assegurassem o funcionamento da monarquia lusitana em terras americanas.[6] Para tal, e apenas três dias após o desembarque de Dom João no Rio de Janeiro, o príncipe regente

---

3   FREYRE, Gilberto. *Sobrados e mucambos*, p. 430-431.
4   LIMA, Oliveira. *D. João VI no Brasil*. Rio de Janeiro: Topbooks, 1996, p. 81.
5   *Ibidem*, p. 88.
6   PEDREIRA, Jorge; COSTA, Fernando Dores. *D. João VI: um príncipe entre dois continentes*. São Paulo: Companhia das Letras, 2008, p. 265.

constituiu um novo Ministério[7], que deveria erigir os alicerces do Estado brasileiro, atendendo às necessidades de uma cidade que se tornou sede de uma monarquia europeia.[8] Basicamente, o objetivo comum das instituições criadas foi fazer do território brasileiro e de sua população objetos de conhecimento e de intervenção, visando a edificar um aparato governamental que assegurasse a prosperidade da colônia e a sobrevivência da monarquia.[9] Entre as instituições instaladas após 1808 com tais propósitos, destacam-se a Intendência Geral de Polícia da Corte e Estado do Brasil, criada no mesmo ano da chegada de Dom João, e a Sociedade de Medicina e Cirurgia do Rio de Janeiro, criada tardiamente, em 1829.

Este segundo capítulo terá como objetivo central analisar, por meio da atuação das duas instituições mencionadas, a participação da polícia e da medicina na europeização do Rio de Janeiro depois de 1808. Tal análise tomará como ponto de partida o novo desenvolvimento institucional e as novas atribuições da polícia e da medicina a partir do Oitocentos, identificando um momento de descontinuidade discursiva e

---

7   D. Fernando José de Portugal e Castro (Marquês de Aguiar), antigo Governador e Capitão Geral da Bahia e antigo vice-rei do Brasil, foi nomeado Ministro e Secretário de Estado dos Negócios do Reino; D. Rodrigo de Souza Coutinho (Conde de Linhares), principal homem do governo nos primeiros anos de permanência de D. João, passou a ocupar a pasta de Ministro e Secretário de Estado dos Negócios Estrangeiros e da Guerra; e o Visconde de Anadia ficou com o antigo cargo de D. Rodrigo de Souza Coutinho, Ministro e Secretário dos Negócios da Marinha e do Ultramar. Cf. NORTON, Luiz. *A Corte de Portugal no Brasil*. São Paulo: Companhia Editora Nacional, 1938, p. 54-55.

8   *Ibidem*, p. 54.

9   MACHADO, Roberto *et al*. *Danação da norma*: medicina social e construção da psiquiatria no Brasil. Rio de Janeiro: Graal, 1978, p. 160-162.

prática em relação ao modelo colonial. Assim, sugere-se que se estabeleceu um novo tipo de intervenção sobre a cidade e a população, intervenção que se tornou característica destas duas instituições: a civilizatória.

É preciso salientar, no entanto, que, muito mais do que a importação unilateral de um modelo de vida, o projeto civilizatório desenvolvido no Brasil por estas instituições deve ser entendido num sentido dinâmico e flexível, em que o ideal de civilidade europeu teve que ser adaptado à realidade local.[10] Esta europeização deve ser compreendida também como um processo de constituição de um novo imaginário e de requalificação da própria experiência social, na medida em que o imaginário em formação, sustentado na "verdade civilizatória", teria como base as antíteses Europa/Brasil, civilização/barbárie, progresso/atraso etc., antíteses que remodelariam as práticas de poder e de dominação política até então vigentes. Dito de outro modo, esta verdade civilizatória que fundamentaria a nova sociabilidade que se procurou construir no Brasil teria regulado as práticas de poder da polícia e da medicina, a partir da oposição entre as representações de civilidade e barbárie, representações que se constituíram, respectivamente, como um ideal a ser alcançado e como uma realidade a ser modificada.[11] Mais ainda: tais representações seriam interdependentes, uma vez que a representação da civilização "é inseparável de seu avesso".[12] É neste cenário

---

10 MALERBA, Jurandir. *A corte no exílio*: civilização e poder no Brasil às vésperas da independência (1808 a 1821). São Paulo: Companhia das Letras, 2000, p. 163.

11 BRESCIANI, Stella. "Apresentação". In: PECHMAN, Robert Moses. *Cidades estreitamente vigiadas*: o detetive e o urbanista. Rio de Janeiro: Casa da Palavra, 2002, p. 10.

12 STAROBINSKI, Jean. *As máscaras da civilização*: ensaios. São Paulo: Companhia das Letras, 2001, p. 56.

que se insere a criação da Intendência Geral de Polícia e da Sociedade de Medicina do Rio de Janeiro.

Ao desembarcar em solo americano, a corte portuguesa automaticamente emprestou ao Rio de Janeiro os elementos de uma sociedade cortesã, desenvolvendo um processo de trocas entre a corte europeia que se estabelecia e a sociedade local, marcadamente rural. A partir da presença física da monarquia na capital brasileira, inaugura-se um processo de invasão do imaginário local pelo imaginário cortesão, constituído por outro universo de referências forjado em um tipo de experiência social diferente da que se experimentava no Brasil. Este imaginário europeu de civilidade e cortesia, característico dos recém-chegados, teria entrado em choque com a sociabilidade rural-escravista da sociedade local, exigindo o desmantelamento das tradições coloniais à medida que procurava se estabelecer como imaginário dominante, cujas práticas de poder tivessem o estatuto de legítimas;[13] como afirma Robert Moses Pechman:

> [...] a percepção colonial do que era ordem, lei, justiça, transgressão e punição, por um lado, e os ideais de civilidade, cortesia, honra, moral e vida pública, característicos da sociedade de corte, por outro, haveriam de opor duas diferentes percepções sobre a legitimidade do poder.[14]

Ao buscar constituir-se como poder legítimo, a sociabilidade cortesã teve que difundir uma nova definição de ordem e desordem, diferente da que existia até então, procurando delimitar a fronteira que deveria separar o almejável do execrável, estabelecendo um referencial que modelasse toda

---

13   PECHMAN, Robert Moses. *Op. cit.*, p. 38-54.
14   *Ibidem*, p. 51.

a sociedade fluminense. Assim, identificou-se o modelo de vida cortesão, de civilidade, com o princípio de ordem desejado e o universo colonial como contraponto deste novo modelo, assimilando-o ao mundo da desordem. Desse modo, a presença dos Bragança no Rio de Janeiro desencadeou a formação de um novo imaginário e um novo tipo de experiência social durante o século XIX, formulados não pela evolução da sociabilidade rural, mas por um processo de descontinuidade com o período colonial, pois teria como fundamento dessa nova sociabilidade em formação, vinculada ao ideal de civilidade europeu, a urbanização da cidade e a civilização dos habitantes locais, e não mais a manutenção das tradições rurais; ainda segundo Robert Moses Pechman:

> [...] muito mais que conter a desordem decorrente da nova experiência de sociabilidade, o que se experimenta é a possibilidade de construção de uma representação da ordem, de um sistema de referências que pretendia se contrapor aos comportamentos considerados próprios do universo tradicional da casa-grande escravista. Por mais distante que esteja da realidade, onde ordem e desobediência se mesclam, tal representação funciona no sentido da *exemplaridade* na tentativa de criar evidências no interior de um mundo que se deseja modificar. Identificamos, nesse desejo de ordem, uma tentativa de qualificar a desordem como herança de outro tempo histórico que deve se dobrar diante dos novos imperativos da civilidade.[15]

Esta mudança significativa das bases discursivas da sociedade, nomeadamente em sua concepção de ordem, bem como

---

15 PECHMAN, Robert Moses. *Cidades estreitamente vigiadas*, p. 41.

o início da transformação da paisagem social rural em uma paisagem urbana, processo que se iniciaria com o estabelecimento da corte joanina no Rio de Janeiro, implicaria em uma reformulação das características da polícia em relação ao que se viu durante o período colonial. Mesmo porque seria a própria instituição policial que fabricaria a noção de ordem que se desejava fixar, pois exerceria a função de delimitadora entre o mundo da ordem e o mundo da desordem, construindo "as clivagens que irão dar os parâmetros da sociedade que se forma".[16]

A criação da Intendência Geral de Polícia da Corte e Estado do Brasil, promovida pelo alvará de 5 de abril de 1808, e a criação do cargo de Intendente Geral de Polícia, por alvará publicado em 10 de maio de 1808, encontram-se entre os primeiros atos de Dom João após desembarcar em solo fluminense. Com isso, o monarca pretendeu organizar o serviço policial da cidade, centralizando todas as atribuições policiais nas mãos de uma única autoridade: o desembargador Paulo Fernandes Viana, primeiro intendente de polícia, que se manteve no cargo de 1808 a 1821. Coube a Paulo Fernandes Viana dar os primeiros passos em direção à organização da instituição policial, "da mesma forma e com a mesma jurisdição"[17] da Intendência de Polícia criada em Portugal pelo marquês de Pombal, segundo o alvará de 25 de junho de 1760.

De acordo com o alvará de criação da instituição em Portugal, o intendente possuiria as seguintes atribuições: zelar pela tranquilidade pública, coibindo todos os delitos, como os

---

16   *Ibidem*, p. 94.
17   Alvará de criação do cargo de intendente geral de polícia, de 10/05/1808. In: MACEDO, Roberto. *Paulo Fernandes Viana*: administração do primeiro Intendente Geral da Polícia. Rio de Janeiro: Serviço de Documentação do Departamento Administrativo do Serviço Público, 1956, p. 18.

crimes de armas proibidas, ferimentos, mortes, insultos, sedições e latrocínios; emitir licenças para que nacionais ou estrangeiros possam esmolar nas ruas das cidades e vilas das províncias portuguesas, ficando vetada a atividade mendicante caso o intendente não conceda a autorização; e controlar rigorosamente a circulação de pessoas: 1) elaborando um livro de registro ou matrícula em cada bairro de Lisboa, em que se descreva o ofício e o meio de subsistência de cada morador, com o intuito de detectar homens ociosos e libertinos que possam colocar em risco a segurança e a tranquilidade públicas; 2) proibindo o aluguel de casas a homens vadios, jogadores de ofícios, aos que não possuam modo de sobrevivência e aos de costumes escandalosos, sob pena de perder o valor do aluguel; 3) exigindo uma autorização dos ministros do bairro de origem e de destino para o morador que deseje mudar de bairro; 4) cobrando a apresentação, tanto de nacionais quanto de estrangeiros que passarem pela cidade, ao ministro criminal do bairro em que o indivíduo se estabelecer, num período de 24 horas desde sua chegada, para anunciar seu nome, profissão, lugar de onde venha, tempo de permanência e número e qualidade das pessoas de sua comitiva; 5) prescrevendo a elaboração de um diário com as mesmas informações pessoais do item anterior por parte de taverneiros, vendeiros ou estalajadeiros que derem abrigo a nacionais ou estrangeiros em suas tavernas, vendas e estalagens, entregando uma relação diária ao ministro criminal do bairro em que se localizarem; 6) requerendo a declaração das informações pessoais dos tripulantes de navios nacionais ou estrangeiros que entrarem no porto da cidade; 7) exigindo a apresentação de passaportes dos estrangeiros que cruzarem as fronteiras de Portugal, com a especificação do destino de sua viagem.[18]

---

18 Alvará de criação da Intendência da Polícia de Portugal, de 25/06/1760. In: ARAÚJO, Elysio de. *Estudo histórico sobre a*

Vê-se, pelo alvará de 1760, que as principais preocupações da Intendência de Polícia de Portugal, que teve sua criação inspirada no modelo francês, articulavam-se ao problema da segurança pública. Entretanto, em decreto de 17 de maio de 1780, a Intendência de Polícia portuguesa ganharia novas atribuições: além de cuidar da tranquilidade pública, intervindo para isto na própria circulação de pessoas pela cidade, ganhou ares de uma instituição político-administrativa, passando, a partir de então, a intervir na urbanização de Lisboa, assumindo a responsabilidade de "construir e conservar calçadas e de velar pela saúde pública da cidade de Lisboa, obrigações essas que eram de competência do Senado da Câmara".[19] No Rio de Janeiro, quando se criou a Intendência, o Senado também era o responsável pelas obras de urbanização, situação que fez com que, muitas vezes, as obrigações de ambas as instituições se confundissem.[20]

Desse modo, a polícia que se organizou no Brasil após a chegada da corte, em 1808, foi planejada tendo como referência a Intendência de Polícia de Portugal, e teve como grande preocupação a adaptação do Rio de Janeiro a suas novas funções de sede de uma monarquia europeia, visando, de acordo com o ideal de civilidade cortesã, a instituir um novo referencial de ordem em um mundo repleto de desordem.[21]

---

polícia da capital federal de 1808 a 1831. Rio de Janeiro: Imprensa Nacional, 1898, p. 10-27.

19 CARVALHO, Marieta Pinheiro de. *Uma ideia de cidade ilustrada*: as transformações urbanas da nova corte portuguesa. 2003. Dissertação (Mestrado em História) - Universidade Estadual do Rio de Janeiro, Rio de Janeiro, 2003, p. 94.

20 RIOS FILHO, Adolfo Morales de los. *O Rio de Janeiro imperial*. Rio de Janeiro: Topbooks, 2000, p. 128.

21 SANTOS, Afonso Carlos Marques dos. "Da colonização à Europa possível, as dimensões da contradição". In: *Uma cidade em*

Mas que concepção de ordem é esta que foi formulada e estabelecida pela polícia? A atividade policial durante a colonização era, como vimos, pautada pelo princípio da repressão. Diferentemente da tradição punitiva colonial, em que a ideia de prevenção ainda não existia, mas somente a noção de que quanto mais desordem mais castigo, a nova polícia organizada pelo intendente iria combater os distúrbios urbanos com as armas da civilidade. Esta nova lógica de ordem objetivaria, então, não mais somente punir e excluir, mas, sobretudo, reconhecer a desordem, transformá-la e incorporá-la à nova sociabilidade em formação; o que não quer dizer que as novas práticas policiais seriam menos violentas que as precedentes, mas que as formas coloniais de controle social perdiam espaço para esta nova concepção de ordem, que combinava punição com incorporação e civilidade. Desse modo, ao incorporar a desordem, a civilidade torna-se parte integrante do sistema de controle social, pois se desenvolve como uma nova forma de submissão que atinge toda a hierarquia social, no intuito de preservá-la. Além disso, tendo em vista os novos referenciais que passaram a ser aceitos pela sociedade urbana fluminense em formação, a concepção de ordem formulada pela polícia, que fez da civilidade mecanismo de incorporação e controle da desordem, revela a postura da Intendência de Polícia como uma instituição civilizatória;[22] como assinala Robert Pechman:

> [...] depreende-se, portanto, que uma nova lógica passa a predominar no campo da

---

questão I: Grandjean de Montigny e o Rio de Janeiro. Rio de Janeiro: PUC/FUNARTE, 1979, p. 30.

22 PECHMAN, Robert Moses. *Cidades estreitamente vigiadas*, p. 67-89.

> ordem, que deve ser entendida mais pelo seu lado civil de contenção/enquadramento da sociabilidade do que por seu aspecto policial no sentido de interdição, sítio, pressão, assalto e cultivo do medo. A própria linguagem utilizada para nomear o assalto à desordem vai se transformando. Em vez de palavras como pena de morte, mutilação, tormento, tortura, confisco, morte natural, exílio, degredo, expressões como razão, prevenção, costumes civilizados, estado de civilização, moralidade pública etc. Não é por outro motivo que as primeiras medidas, logo provavelmente as mais urgentes, sancionadas pelo intendente, assim de sua posse, dizem respeito à limpeza da cidade, às construções, ao comportamento no teatro, à vigilância dos botequins, à estatística da população etc. Medidas visivelmente necessárias à ordenação do espaço público, lugar de exercício da civilidade.[23]

Assim, o projeto civilizatório da polícia na capital da corte se concentraria em três eixos principais: na urbanização da cidade, na civilização da população e na garantia da tranquilidade pública.

Depois de criada a Intendência de Polícia, resta saber de que maneira seu projeto de civilização, planejado nos moldes vistos anteriormente, foi colocado em prática. Como já dito, devido à presença da monarquia portuguesa no Rio de Janeiro, tornou-se imprescindível e urgente dotar a capital de condições dignas de alojar uma corte europeia, o que significava agir, antes de tudo, de modo a transformar sua precária aparência. Desse modo, a partir de 1808, a polícia passa

---

23 PECHMAN, Robert Moses. *Cidades estreitamente vigiadas*, p. 73.

Uma Paris dos trópicos? 101

a publicar uma série de editais que visavam a normatizar o comportamento dos habitantes e, em consequência, a própria estética da cidade, de acordo com o novo modelo de ordem almejado pela sociedade cortesã, cuja referência era a Europa, especificamente cidades como Paris e Londres, que funcionavam como "laboratórios de observação" sobre medidas de civilização.[24]

Em 20 de abril de 1808, antes mesmo da criação do cargo de intendente,[25] a polícia publica seu primeiro edital:

> [...] faço saber a todos que o presente edital virem ou dele notícia tiverem que concorrendo [...] o asseio da cidade muito para a salubridade dela, e importando este objeto à saúde pública e à polícia, e não tendo sido bastante até agora os cuidados que a Câmara tem empregado para se evitarem os males que do contrário se seguem, ou pela pouca vigilância e mesmo pela corrupção dos rendeiros ou dos oficiais executores das suas deliberações: da data deste em diante se exigirá por esta Intendência, com zelo e atividade, [...] que toda a pessoa que for encontrada a deitar águas sujas, lixo e qualquer outra imundície nas ruas e travessas será presa e não sairá da cadeia sem pagar dois mil réis para o cofre das despesas da polícia. [...] E para que senão chamem a ignorância, mandei fixar o presente [edital] por todos os

---

24 ENGEL, Magali. *Meretrizes e doutores*: saber médico e prostituição no Rio de Janeiro (1840-1890). São Paulo: Brasiliense, 2004, p. 37.

25 Paulo Fernandes Viana, primeiro intendente de polícia no Brasil, iniciou seus trabalhos à frente da Intendência antes mesmo de ser oficialmente instituído no cargo, criado pelo alvará de 10 de maio de 1808.

lugares públicos desta cidade, para que assim chegue a notícia a todos.²⁶

O edital acima inaugura uma longa batalha para coibir a prática dos moradores locais de jogar imundices pelas ruas de São Sebastião. Longa, porque a nova norma colocada em vigor não surtirá efeito imediato, como desejado pelo intendente. Assim, tendo em vista a falta de colaboração dos moradores em tornar a cidade livre da sujeira das ruas, coube à polícia lançar outros editais sobre tal prática indesejada. É o caso da lei de 11 de junho de 1808, que, mesmo publicada pouco tempo após o primeiro edital, reforçava a proibição e aumentava a pena para os infratores:

> [...] sendo um dos cuidados da polícia vigiar sobre o asseio da cidade, não só para a comodidade de seus moradores, mas, principalmente, para conservar a salubridade do ar e impedir que se infeccione com as imundícies que das casas se deitam às ruas; e constando, aliás, que muitos de seus moradores apartando-se culposamente do costume que nela sempre havia de mandarem deitar ao mar, em tinas e vasilhas cobertas, as águas imundas e os outros despejos, se facilitam impunemente a fazê-los das janelas abaixo, o que nunca era da sua liberdade fazê-lo no centro de uma corte que se está estabelecendo e que se procura elevar à maior perfeição, não sendo para isso no estado presente bastante a vigilância do rendeiro para este fim criado pela lei do Reino debaixo da inspeção do Senado da Câmara, fica de hoje em diante vedado por esta Intendência o abuso de deitarem às ruas as

---

26   ANRJ, Polícia da Corte, códice 318, 20/04/1808.

imundícies, e todo aquele que for visto fazer os despejos das portas ou das janelas abaixo, ou mesmo constar por informações que os fazem, serão punidos em 10 dias de prisão e com a pena pecuniária de dois mil réis para o cofre da polícia, e todos os oficiais da mesma Intendência e da justiça e qualquer do povo que der parte da infração e se verificar de pleno e pela verdade sabida, receberá metade da condenação pecuniária.[27]

A nova concepção de ordem que vai sendo formulada pela polícia, como se pode ver, embora pautada pela ideia de prevenção, ainda leva em conta mecanismos da lógica punitiva colonial. Mesmo porque a polícia nunca deixou de ser uma instituição de caráter repressivo: é a civilidade sendo conquistada pelas mãos da punição, punição que, na medida em que se verifica insuficiente para obter o resultado desejado, se torna mais severa. Assim, se no primeiro edital o transgressor apanhado sairia da cadeia após o pagamento de multa, o segundo já determina, além do pagamento em dinheiro, o cumprimento de dez dias de prisão.

Mas a questão que mais chama a atenção nos editais é o empenho pela salubridade urbana. Entre os principais pontos de despejo de dejetos encontrava-se a Rua da Vala, pois, como seu próprio nome já adianta, tal rua possuía uma vala que funcionava como via de escoamento das águas das chuvas para fora da cidade. Nela, os moradores aproveitavam para arremessar suas porcarias, na esperança de que as águas das chuvas as levassem embora. Assim, a vala deixava "espaço suficiente pelo qual o povo se serve para lançar imundices que tornam aquela rua em estado tal que exala um mau cheiro

---

27 ANRJ, Polícia da Corte, códice 318, 11/06/1808.

que pode certamente causar grandes males aos moradores da referida rua, o que a polícia o quanto antes deve acautelar".[28] Para isso, o intendente aprovou providências para a limpeza dos dejetos, exigindo prontidão na execução de suas ordens, por esta obra "ser de interesse público e pelo mal estado em que está aquela rua".[29]

Mas apesar dos esforços da polícia, a prática de lançar o lixo pelas portas e janelas das casas não pôde ser erradicada durante os anos em que a Intendência existiu. Entretanto, como registrado em edital de 1829, a polícia mostrava-se atenta aos problemas de limpeza e saúde da cidade:

> [...] o fiscal da limpeza pública, tendo empregado todos os meios para limpar a Praça do Capim e não ter podido obter [êxito], por acumular novo lixo da noite para o dia, não obstante a proximidade de uma guarda ali posta, [que] o Inspetor Coronel Comandante da Imperial Guarda da Polícia dê as suas ordens a dita guarda para que, conservando uma sentinela em ronda, prenda a todos aqueles que ali lançarem lixo e imundices, segundo as ordens existentes. Outrossim, também ordenará que a dita guarda não permita que as quitandeiras estacionadas durante o dia naquele largo nele deixem ficar objeto algum, nem se retirem sem varrerem seus lugares, a juntarem e conduzirem os restos que costumam deixar.[30]

Além disso, o "sistema de esgotos" instituído no Rio de Janeiro, em que os escravos eram encarregados de recolher os

---

28   ANRJ, Polícia da Corte, códice 336, 29/04/1825.

29   *Ibidem*, 29/04/1825.

30   ANRJ, Polícia da Corte, códice 343, 1829.

barris de dejetos que se acumulavam dentro das casas, que iam desde restos de alimentos até excrementos humanos, e despejá-los no mar, também mereceu posturas de controle pela polícia. Isso porque o hábito de jogar as imundices das tinas em pontos específicos do mar não era plenamente respeitado. Desse modo, além do acúmulo de porcarias nas praias, os escravos também as atiravam em terrenos baldios, praças ou qualquer lugar que lhes fosse mais cômodo.[31] Em outro edital, publicado em outubro de 1829, pode-se ver a preocupação da polícia a este respeito:

> [...] não se tendo experimentado bom resultado da ponte que existe para despejos no lugar do aterrado, pelo abuso que praticam os escravos que os lançam e mesmo porque as marés não crescem quanto seria necessário para conduzir o lixo, provindo disso uma exalação pútrida e incomoda aos que transitam e moram próximos, ordeno que a dita ponte seja demolida e levantada entre a pedreira de São Diego, em lugar que seja bem lavada das águas, ficando desde já proibido lançar lixos nos dois lados da estrada, sob pena de ser preso e multado segundo as ordens.[32]

Mas a polícia não se fazia atenta apenas aos problemas causados pelos detritos já presentes nas ruas e praias da cidade. O intendente ainda dispunha da obrigação de prevenir o acúmulo de lixo e água estagnada por meio da execução de obras na estrutura urbana. Assim, a polícia expediu ofícios ordenando as seguintes questões: exige junto "aos proprietários das chácaras para abrirem na frente de suas testadas valas para

---

31 MALERBA, Jurandir. *A corte no exílio*, p. 129-131.
32 ANRJ, Polícia da Corte, códice 343, outubro de 1829.

darem esgoto às águas";[33] que os "proprietários ou moradores das chácaras por onde passa a vala aberta desde a chácara de Antônio José Ferreira até a do portão de Manoel José de Souza Bastos consintam e auxiliem com o que puderem a limpeza dela";[34] manda "abrir os bueiros que forem precisos na ponte da estrada de São Cristóvão, junto à residência do Brigadeiro Lázaro José Gonçalves, para se evitarem as inundações que ali há das águas que tornam a estrada intransitável";[35] ordena que se proceda "a abertura de valas e feitura de pontes no Campo de São Cristóvão para esgoto das águas";[36] além de decretar que "sem perda de tempo se proceda o desentulho da vala que serve de esgoto às águas da ponte na estrada de São Cristóvão, contígua à casa do Brigadeiro Lázaro José Gonçalves".[37]

O intendente Paulo Fernandes Viana informa, ainda, em suas memórias, um verdadeiro resumo das principais atividades da polícia entre 1808 e 1821, que aterrou "imensos pântanos da cidade, com que se tornou mais sadia, e no que se consumiu muito dinheiro, e depois de aterradas fiz as calçadas [...] no estado em que se acham, com utilidade do trânsito e da saúde pública".[38] Em duas portarias expedidas pelo mesmo intendente, ainda no ano de 1808, a autoridade policial ordena providências sobre o problema do acúmulo de águas.

---

33 ANRJ, Polícia da Corte, códice 336, 29/04/1825.
34 *Ibidem*, 26/09/1826.
35 *Ibidem*, 27/04/1825.
36 *Ibidem*, 16/08/1825.
37 *Ibidem*, 16/11/1825.
38 VIANA, Paulo Fernandes. "Abreviada demonstração dos trabalhos da Polícia em todo tempo que a serviu o desembargador do paço Paulo Fernandes Viana". In: *Revista do Instituto Histórico e Geográfico Brasileiro*, Rio de Janeiro, tomo 55, parte I, 1892, p. 374.

No primeiro ofício, dirigido ao juiz de Fora, Agostinho Petra de Bitancourt, em 19 de julho, Paulo Viana adverte:

> [...] não se podendo prescindir por mais tempo de entrar com o cuidado e diligência a enxugar os pântanos desta corte, de onde principalmente derivam as moléstias que nelas grassam, encarrego a você das duas ruas, do Lavradio e Inválidos, e das suas respectivas travessas, indicando-lhe o modo porque esse trabalho se deve fazer para avultar o seu adiantamento. Mandará você, logo que receber este, informar-se se os terrenos não edificados têm ou não donos; tendo-os, mandará notificá-los para que os entulhem e enxuguem dentro de um espaço curto [...], com a pena de que não fazendo virem a assinar termo de os virem vender a quem os possa enxugar, por não dever o bem público esperar pelas suas comodidades e sofrer os seus desmandos, e dará remetendo-me estes termos para pela Intendência se fazerem cumprir.[39]

Na segunda portaria, datada de 20 de novembro e dirigida ao desembargador e juiz do Crime do bairro de Santa Rita, José da Silva Loureiro Borges, o intendente reitera a preocupação da polícia com o acúmulo das águas das chuvas pela cidade, uma vez que as águas estagnadas eram consideradas um dos principais focos de doenças:

> [...] as ruas que ficam das antigas ruas do Sabão e São Pedro para o Campo, onde se edificaram novas propriedades, e que ainda não estão calçadas, nem o poderão ser tão cedo,

---

39 ANRJ, Polícia da Corte, códice 318, 19/07/1808.

se mostraram intransitáveis nestas primeiras águas da semana passada, que mostraram pedir alguma providência. Você tomará isto em consideração para mandar os seus donos que façam as suas testadas [...], para não consentir nesses terrenos que se façam despejos e para, finalmente, mandar deitar entulhos de cascalho das pedreiras pelo meio das ruas e fazer quanto outro benefício puder até o Largo de São Joaquim [...].[40]

Com o trabalho policial de zelar pela aparência da cidade, mesmo que não tendo resultados plenamente satisfatórios, pois as ruas da cidade ainda permaneceriam como local de despejo de lixo e acúmulo de água, os próprios moradores, com o decorrer dos anos, passaram a adotar a ideia de salubridade e limpeza veiculada pela Intendência. É o que demonstra o edital de 27 de agosto de 1825, em que a autoridade policial manda "proceder a limpeza do montão de imundices em conformidade da requisição feita pelos moradores da Rua do Rosário",[41] bem como pelos ofícios de 22 de março de 1826 e de 06 de agosto de 1827, em que, respectivamente, o intendente afirma que "envio a você o incluso registro dos moradores das ruas dos Arcos, Lavradio e Inválidos para que dê ou proponha as providências necessárias sobre a falta de esgoto às águas das chuvas de que se queixam",[42] e "em vista da informação que você deu sobre o requerimento de Francisco Caetano da Silva na data de 31 de julho, você mandará proceder a limpeza na vala de que se trata, em tempo oportuno".[43]

---

40 *Ibidem*, 20/11/1808.
41 ANRJ, Polícia da Corte, códice 336, 27/08/1825.
42 *Ibidem*, 22/03/1826.
43 *Ibidem*, 06/08/1827.

Além de solicitar a limpeza das ruas, os moradores também procuravam a Intendência para executar reparos nas vias públicas. Assim, em 5 de abril de 1826, a autoridade policial emite ofício a respeito da "representação que me redigiram José Bento Alves e mais proprietários das terras do Engenho Novo para que dê as providências adequadas sobre o mau estado da estrada de que se queixam".[44] Isso porque, como já visto, a Intendência de Polícia assumiu para si a responsabilidade de planejar, executar e fiscalizar as obras públicas, incorporando funções administrativas que aproximavam o intendente do que futuramente seria o cargo de prefeito.[45]

Assim, além das obras já mencionadas até o momento, a polícia lançou diversos outros editais que determinavam o reparo ou a construção de ruas, praças, calçadas, estradas, pontes, valas, teatro, fontes, chafarizes, cais, casas, postes de iluminação, quartéis, cadeia e tudo mais que fosse necessário como obra de infraestrutura da cidade.[46]

Desse modo, a polícia publica uma série de ofícios com esta finalidade: ordena "consertar as calçadas das ruas das Mangueiras, São Pedro da Cidade Nova e a do Ouvidor";[47] determina "o conserto de que necessita o caminho de Mataporcos até a ponte do Andaraí";[48] pede "o conserto que precisa a Rua dos Arcos, dando as necessárias providências para

---

44 ANRJ, Polícia da Corte, códice 336, 05/04/1826.
45 NARO, Nancy; NEDER, Gizlene; SILVA, José Luiz Werneck da. *A polícia na corte e no Distrito Federal*. Rio de Janeiro: Pontifícia Universidade Católica, 1981, p. 23.
46 BARRETO FILHO, Mello; LIMA, Hermeto. *História da polícia do Rio de Janeiro*: aspectos da cidade e da vida carioca (1565-1831). Rio de Janeiro: Editora S. A. A Noite, 1939, p. 186-187.
47 ANRJ, Polícia da Corte, códice 336, 30/05/1825.
48 *Ibidem*, 06/07/1825.

com brevidade se cuidar nele";[49] aprova as providências "para o conserto da ponte sobre o rio Maracanã, no caminho que segue do Engenho Velho [...], atenta à pública utilidade";[50] manda "consertar os corrimões da ponte do Aterrado";[51] e autoriza o reparo da "ponte Velha do rio Maracanã e juntamente a ponte do aterrado da Cidade Nova".[52]

Mas a construção ou o conserto das obras públicas espalhadas pela cidade não era tarefa fácil para a Intendência de Polícia. É recorrente a insatisfação dos intendentes com o fato de ser "muito diminuta a renda"[53] de que dispunham, renda que era repassada à polícia pelo Senado. Assim, em 1827, o intendente reclama que apesar da

> [...] urgente necessidade de se concluir a obra das duas pontes da Rua Nova do Imperador, pelo perigo de ruína a que se acha exposta e por se perder o que já com elas se tem despendido, ordeno ao administrador [que se] faça prosseguir na obra das duas pontes com moderação, visto que o estado do cofre não admite por ora maior força.[54]

O mesmo problema se verifica em diferentes editais sobre a construção de obras, uma vez que a polícia passa a acumular muitas despesas com a urbanização do Rio de Janeiro.

---

49   *Ibidem*, 27/05/1826.
50   *Ibidem*, 04/03/1826.
51   *Ibidem*, 28/04/1827.
52   *Ibidem*, 22/10/1827.
53   VIANA, Paulo Fernandes. "Abreviada demonstração dos trabalhos da Polícia em todo tempo que a serviu o desembargador do paço Paulo Fernandes Viana". In: *Revista do Instituto Histórico e Geográfico Brasileiro*, p. 373.
54   ANRJ, Polícia da Corte, códice 336, 05/11/1827.

Em razão disso, o intendente pede para que não se multiplique o número de obras executadas pela polícia, visando a "atender as forças do cofre desta repartição que presentemente tem sofrido grandes despesas".[55] Em outro edital, de 26 de outubro de 1825, o intendente afirma que é "indispensável que nos próximos meses de novembro e dezembro você reduza ao menos que puder as despesas das obras desta repartição, sem, todavia, lhes prejudicar, visto que a escassez de rendimentos nestes últimos meses do ano torna indispensável esta medida".[56] Para tentar remediar esta situação, era comum a Intendência recorrer às loterias como forma de arrecadar dinheiro.

Entre as ações que sofreram interferência da falta de recursos financeiros para sua plena execução, encontra-se uma relativa à ordem expedida pelo intendente Francisco Alberto Teixeira de Aragão ao inspetor geral das obras da Intendência, João Luis Ferreira Dummont, em 18 de abril de 1825, acerca da necessidade de se iluminar melhor a cidade fluminense:

> [...] em resposta ao seu ofício de 31 do mês passado, em que representa a necessidade que há do estabelecimento de alguns lampiões em diversos lugares para comodidade e interesse público, devo dizer-lhe que procedendo você a este respeito aos exames precisos, aponte quais são os lugares mais necessários para se porem lampiões e aumentar-se, de algum modo, a iluminação, bem entendido que este aumento não pode ser no todo da cidade, porque as circunstancias em que se acha o cofre desta Intendência, obrigado a muitas obras de interesse público, como

---

55 *Ibidem*, 13/07/1825.
56 *Ibidem*, 26/10/1825.

estradas, pontes e calçadas, não dá lugar a uma extensa iluminação como convém.[57]

Apesar dos problemas financeiros que atingiam todas as obras da polícia, a Intendência teve que investir na iluminação pública da corte, trabalho que começou já pelas mãos do primeiro intendente. Em suas memórias, Paulo Fernandes Viana aponta algumas medidas tomadas a este respeito: "criei e sempre fui aumentando a iluminação da cidade, não só das ruas dela, mas, e principalmente com todo o esplendor, no Paço da cidade, no da Quinta da Boa Vista e na praça e casa das Laranjeiras".[58] Entre os editais publicados pela Intendência, a autoridade policial determinava ao encarregado da iluminação as seguintes ordens: que verifique "a precisão que há de um lampião na entrada da Rua dos Inválidos e autorizo para que quanto antes haja de mandar pôr";[59] que aprove "as providencias que você deu sobre a colocação dos candeeiros desde o caminho novo até a calçada dentro da Quinta Imperial, conforme a determinação de Sua Majestade o Imperador";[60] que devido à "necessidade que há de iluminar-se a Rua de Matacavalos pode você mandar pôr em distâncias proporcionadas os dois candeeiros que julgar precisos";[61] que "faça acender os dois candeeiros nos dois postes por você indicados junto a ponte que vai se reedificar

---

57   *Ibidem*, 18/04/1825.

58   VIANA, Paulo Fernandes. "Abreviada demonstração dos trabalhos da Polícia em todo tempo que a serviu o desembargador do paço Paulo Fernandes Viana". In: *Revista do Instituto Histórico e Geográfico Brasileiro*, p. 375.

59   ANRJ, Polícia da Corte, códice 336, 11/08/1825.

60   *Ibidem*, 25/08/1825.

61   *Ibidem*, 13/05/1826.

na estrada de São Cristóvão";⁶² além de, em maio de 1826, autorizar a compra de 550 lampiões para serem utilizados na iluminação da cidade.⁶³

A falta de verbas, porém, não era motivo suficiente para que não se realizassem de maneira satisfatória as obras e serviços relativos à polícia. Nesse sentido, em 27 de julho de 1827, o intendente Aragão lança o seguinte ofício ao inspetor das obras da polícia, João Luis Ferreira Dummont:

> [...] faça você constar ao arrematante da iluminação Sebastião Fábregas Surigue que deve ter gente suficiente para logo ao anoitecer acender os seiscentos lampiões da sua arrematação, pois sucedendo nas presentes noites grandes em muitas ruas do centro da cidade acenderem-se os lampiões pelas oito horas é evidente que o pequeno número de escravos que o mesmo arrematante emprega neste serviço não pode de certo acender mais cedo; esta economia é prejudicial ao público que tem direito a ser bem servido, e tanto mais que para isso a polícia paga muito prontamente.⁶⁴

Além da iluminação, a polícia cuidou das construções relativas ao abastecimento de água do Rio de Janeiro. Tais obras tornaram-se fundamentais para a cidade após a chegada de Dom João, uma vez que sua população aumentou significativamente, da noite para o dia, em aproximadamente 15 mil pessoas que acompanharam o príncipe regente aos trópicos.⁶⁵

---

62 *Ibidem*, 12/06/1826.
63 *Ibidem*, 27/05/1826.
64 *Ibidem*, 27/07/1827.
65 MALERBA, Jurandir. "Sobre o tamanho da comitiva". In: FLECK, Eliane Cristina Deckmann; SCOTT, Ana Silvia Volpi (Org.). *A corte no Brasil*: população e sociedade no Brasil e em Portugal

Em suas memórias, Paulo Fernandes Viana traça um resumo das providências que tomou a este respeito:

> [...] por não haver na cidade abundância de águas para o uso público, consegui por via de mineiros que granjeei em Minas e em Cantagalo, conduzir água até para beber em uma légua de distância, e a levei por um bicame de madeira desde o Barro Vermelho até o Campo de Santana em 6 ou 7 meses, e ali se beneficiou o público com uma fonte de 10 bicas, que foi considerada como obra muito útil, até que se principiou o encanamento das águas do Maracanã, que foi toda debaixo da minha direção e cuidado até o ponto de se erigir no mesmo campo um chafariz de 22 bicas, que afiança a abundancia de águas da cidade, obra que se continua ainda, mas que no estado em que a deixei já supre bem a cidade e a põe salvo do susto dela faltar.[66]

O intendente ainda complementa:

> [...] fiz um chafariz de 4 bicas de água no sítio de Matacavalos, conduzindo as águas desde a sua nascença em canos cobertos, obra forte e bem acabada, que presta muita comodidade aos moradores daquele bairro. E por que o do Catete entrou a crescer em bons edifícios, e a ser de preferência povoado por estrangeiros, e principalmente pelos

---

no início do século XIX. São Leopoldo: Oikos/Editora Unisinos, 2008, p. 175.

66 VIANA, Paulo Fernandes. "Abreviada demonstração dos trabalhos da Polícia em todo tempo que a serviu o desembargador do paço Paulo Fernandes Viana". In: *Revista do Instituto Histórico e Geográfico Brasileiro*, p. 374.

> ministros diplomáticos, não tendo uma só fonte pública, dispus uma bica de água no portão da chácara em que esteve a fábrica das chitas, de onde o povo comodamente se provesse, e fui procurar conduzir, desde a serra, água em abundância e de muito boa qualidade para pôr um chafariz no Largo das Larangeiras, tendo chegado já o encanamento muito perto do local onde se há de erigir o chafariz, tudo bem feito e com desvios e escoamento das enchentes; e neste ponto estava quando larguei o emprego, e a obra absolutamente deve continuar para se não perder o que está feito e com tanto custo conseguir-se perfeitamente o benefício público que se procurava fazer.[67]

A limpeza das ruas e a execução de obras de urbanização, além de contribuir para a salubridade urbana, tinham a finalidade de promover o enobrecimento da cidade, pois é pela beleza estética da urbe, primeiramente, que se poderia criar as condições mais urgentes para torná-la digna de abrigar uma corte europeia, uma vez que tornaria evidente aos olhos da população o aperfeiçoamento de seu estado civilizatório.[68] No entanto, durante sua existência, se a Intendência não pôde resolver todos os problemas estéticos da cidade, procurou camuflá-los da melhor maneira, formulando, no Rio de Janeiro, uma "aparência de ordem"[69], ou seja, uma civilidade de fachada decorrente da convivência entre o mundo da desordem herdado do período colonial e o mundo da ordem idealizado,

---

67 *Ibidem*, p. 376-377.
68 PECHMAN, Robert Moses. *Cidades estreitamente vigiadas*, p. 74-75.
69 *Ibidem*, p. 43.

que se tentava instituir a partir do início do século XIX.⁷⁰ É o que se percebe no edital publicado em 1 de maio de 1826:

> [...] Sua Majestade o Imperador foi servido comunicar-me que na quarta-feira, dia 3 do corrente, há de vir em grande aparato fazer a abertura da Assembléia Geral, dirigindo-se a esta cidade pelo caminho velho (o do Barro Vermelho) e por isso deve você logo que este receber providenciar, quanto de sua parte estiver, para que se limpe e apronte o melhor que for possível o sobredito caminho.⁷¹

Desse modo, "fazer limpar as ruas por onde a Sua Majestade Imperial se há de dirigir",⁷² como afirma outro ofício do dia 28 de abril de 1827, é uma das formas de manter a aparência de uma corte civilizada, situada em uma cidade ainda tomada pela desordem. Se era inevitável que a civilidade almejada ainda não tivesse sido alcançada, restava então o disfarce, ao menos nos locais de passagem do imperador. Situação que se repete em ofício de 9 de outubro de 1827, quando o intendente manda "limpar e pôr em melhor estado de asseio toda a estrada que se dirige da Imperial Quinta da Boa Vista até o Campo da Aclamação, para o transito de Sua Majestade Imperial".⁷³

Mas não é só no asseio das ruas que se cruzam o combate à insalubridade e o desejo de aformosear a estética urbana. Foi trabalho da polícia cuidar dos tipos de construções que se edificavam no Rio de Janeiro, estabelecendo normas que

---

70 SLEMIAN, Andréa. *Vida política em tempo de crise*: Rio de Janeiro (1808-1824). São Paulo: Hucitec, 2006, p. 54.
71 ANRJ, Polícia da Corte, códice 336, 01/05/1826.
72 *Ibidem*, 28/04/1827.
73 *Ibidem*, 09/10/1827.

deveriam ser seguidas por aqueles que pretendiam erigir novas residências em São Sebastião. Desse modo, em 11 de junho de 1808, em ofício destinado aos vereadores do Senado da Câmara, o intendente de polícia comunica:

> [...] pela cópia do edital passo à presença de vocês, ficando certos da determinação de Sua Majestade Real, o Príncipe Regente Nosso Senhor, que por esta Intendência manda fazer pública aos moradores desta corte, e fazendo a vocês registrarem nos livros desse Senado [...] para que nunca mais se permita edificar casas térreas [...] no centro da cidade. Segundo nele se especifica, concorrendo o Senado deste modo para que se cumpra a vontade do mesmo Senhor, nascida dos desejos de ver melhorada a sua corte e aumentada a comodidade dos seus moradores [...].[74]

As razões do príncipe regente, passadas por intermédio da instituição policial, para tal proibição de edificar casas térreas no centro do Rio de Janeiro ficam mais claras no mesmo edital a que o ofício destinado aos vereadores se refere:

> [...] faço saber aos que o presente edital virem e dele notícia tiverem que não sendo já mais compatível com as felizes circunstâncias em que se acha esta cidade de ser hoje a corte e residência do Príncipe Regente Nosso Senhor [...] que no centro dela se edifiquem ou se restabeleçam as casas térreas que de sua natureza tolhem o proveito público e não trazem alguma comodidade ao arranjamento e salubridade dos moradores, que pela estreiteza das ruas antigas, umidade do

---

74 ANRJ, Polícia da Corte, códice 318, 11/06/1808.

> solo e ardência do clima podem viver mais comodamente em prédios assobradados.
>
> Fica proibido, de hoje em diante, fazerem-se e reedificarem-se casas térreas da vala para dentro e nos bairros da Ajuda e Prainha, e qualquer proprietário dos terrenos ali compreendidos e os das casas térreas já edificadas logo que as queiram consertar ou edificar de novo, não poderão fazer senão pondo-as de um ou mais sobrados, e de outro modo serão embargadas pela Intendência e se procurarão meios de se fazer passar a outros proprietários que tenham forças para cumprirem com esta determinação cuja execução será vigiada pela Câmara e seus oficiais, e por todos os comissários da polícia, por ser esta a vontade e determinação do Príncipe Regente Nosso Senhor, sempre vigilante nas comodidades do seu povo, a cujo benefício somente se tomam estas providências.[75]

No entanto, apesar da preocupação em proibir a construção de casas térreas, devido aos prejuízos causados à saúde da população e ao enobrecimento da capital, os moradores do Rio de Janeiro evitavam construir prédios assobradados. De acordo com ofício de 17 de novembro de 1808:

> [...] ainda que a multiplicidade de obras que vão aparecendo na cidade pareçam fazer cessar a necessidade que havia de uma legislação que promovesse a edificação de novos edifícios como se havia pensado, tenho, todavia, a ponderar que nada vejo senão casas térreas, fugindo os proprietários de edificar casas de sobrado e prédios nobres, e [...] o

---

75 ANRJ, Polícia da Corte, códice 318, 11/06/1808.

fazem assim porque não são tais edifícios de natureza que se receiem neles aposentadorias. Isto é um mal que se faz à cidade e que sendo hoje uma corte, deve ter propriedades de outra ordem, que a enobreçam e mesmo aformoseiem, e é por isso que julgo necessário representar que se deve acudir a isto aparecendo uma legislação que, somente à edificação de prédios nobres ou assobradados, permita-se a isenção de aposentadorias e outros benefícios, negando-os absolutamente aos outros.[76]

Para os moradores locais, como se vê pelo ofício do intendente, o problema de arquitetar sobrados na sede da nova corte decorria da lei das aposentadorias. Com o desembarque dos Bragança no Rio de Janeiro, os fidalgos que acompanharam Dom João precisavam de moradias para se instalar na cidade. A lei das aposentadorias obrigava os proprietários das melhores residências, que eram quase sempre os sobrados e os grandes casarões, a cedê-las, imediatamente, aos nobres da corte recém-chegada. Assim, na fachada dos prédios escolhidos "escreviam-se a giz as letras 'P. R.', que queriam dizer 'príncipe real', mas para o povo transformou-se em 'ponha-se na rua' ou mesmo 'prédio roubado'. Era a velha e boa ironia popular que brincava com os infortúnios".[77]

Desse modo, os habitantes procuravam burlar a lei das aposentadorias, inventando obras dispensáveis em seus sobrados, cuja finalidade era atravancar a desocupação, ou deixavam

---

76 *Ibidem*, 17/11/1808.
77 SCHWARCZ, Lilia Moritz; AZEVEDO, Paulo Cesar de; COSTA, Angela Marques da. *A longa viagem da biblioteca dos reis*: do terremoto de Lisboa à independência do Brasil. São Paulo: Companhia das Letras, 2002, p. 237.

de reformar suas casas térreas, não as transformando em sobrados. Como consequência, se comparado à quantidade de edifícios nobres, o número de casas térreas no Rio de Janeiro ainda mantinha-se elevado.[78] Em vista disso, o intendente propôs a Dom João que se elaborasse uma lei em que se isentasse a cobrança da Décima Urbana, durante o período de dez anos, sobre os sobrados construídos na região da Cidade Nova, decreto este que foi aprovado em 26 de abril de 1811.[79]

Mas, além de intervir na edificação das novas construções, a Intendência tinha que zelar por aquelas que já estavam construídas. Assim, atuou de maneira a vistoriar a beleza e preservação dos edifícios existentes, de modo que aqueles que se encontrassem em condições inadequadas deveriam ser consertados ou até demolidos, dependendo da situação. No caso de serem reformados, além da obrigação de se adotar a estrutura assobradada, ainda era estipulado aos proprietários um período para a realização das obras. Se, porventura, o tempo determinado não fosse atendido, as obras passariam para a responsabilidade da polícia, que executaria os reparos necessários e cobraria do dono da residência os gastos despendidos.[80]

Zelar pela preservação das casas que já estavam construídas tinha sua importância. É sobre o que adverte o português Luiz Joaquim dos Santos Marrocos, arquivista real e bibliotecário que desembarcou no Rio de Janeiro, em 1811, para servir como ajudante na Biblioteca Real: "a pouca estabilidade e

---

78 CARVALHO, Marieta Pinheiro de. *Uma ideia de cidade ilustrada*, p. 94.
79 CAVALCANTI, Nireu. *O Rio de Janeiro Setecentista*: a vida e a construção da cidade da invasão francesa até a chegada da Corte. Rio de janeiro: Zahar, 2004, p. 294.
80 CARVALHO, Marieta Pinheiro de. *Op. cit.*, p. 115-116.

firmeza com que foram feitas e hoje se acham as casas antigas desta cidade têm sido a origem de muitas desgraças sucedidas, ora caindo subitamente as paredes, ora as mesmas casas inteiras sobre os seus habitantes".[81] Outro problema atrelado às moradias do Rio de Janeiro era a presença das gelosias nas fachadas das casas, o que conferia um aspecto sombrio às ruas e tornava as residências mais insalubres.[82] Para solucionar esta questão, Paulo Fernandes Viana publica, em 1809, o seguinte decreto:

> [...] faço saber aos que o presente edital virem ou dele notícia tiverem que se havendo elevado esta cidade à alta hierarquia de ser hoje a corte do Brasil, que goza da honra e da ventura de ter, em si, o seu legítimo soberano e toda a sua real família, não pode nem deve continuar a conservar bisonhos e antigos costumes que apenas podiam tolerar-se quando era reputada como uma colônia e que, desde muito tempo, não se sofrem em povoações cultas e de perfeita civilização; e sendo um destes costumes que afeia o prospecto da cidade e a faz menos decorosa às felizes circunstâncias, o de terem as janelas de suas propriedades rótulas ou gelosias de madeira que nenhuma comodidade trazem e que estão mostrando a falta de civilização de seus moradores. Confiando de todos eles que, mesmo por marcar a feliz época em que

---

81 "Cartas de Luiz Joaquim dos Santos Marrocos escritas do Rio de Janeiro à sua família em Lisboa, de 1811 a 1821". In: *Anais da Biblioteca Nacional do Rio de Janeiro*, v. 56, Rio de Janeiro: Serviço Gráfico do Ministério da Educação, 1934, p. 261.

82 SILVA, Maria Beatriz Nizza da. *Vida privada e quotidiana no Brasil: na época de D. Maria I e D. João VI*. Lisboa: Referência/Editorial Estampa, 1993, p. 211-212.

entraram a ver com os olhos o seu legítimo soberano, que adoravam já em seus corações, estarão prontos a dar mais provas não equívocas de seu contentamento e a arredar de si estes testemunhos da antiga condição de conquista e de colônia, concorrendo para enobrecer a sua corte e fazê-la mais notável aos olhos das nações estrangeiras que ora a ela concorrem, e que só lhes falta para esse fim a voz da autoridade pública que aprove e, mesmo, honre esta sua resolução que muitos deles me têm já feito conhecer muito voluntariamente, como em crédito deles e abono da verdade cumpre manifestar. Por tudo isto se declara que, desde já, devem-se abolir as rótulas das janelas.[83]

Além de proibir o uso das gelosias, o edital apresenta bem a nova concepção de ordem formulada pela polícia, que privilegiava ações destinadas ao enobrecimento estético da cidade de modo a torná-la mais parecida com determinadas partes civilizadas das urbes europeias.[84] Tal processo de europeização, no entanto, não se restringiu apenas à aparência física da capital: importava também investir na modificação dos hábitos locais, que somente podiam ser tolerados quando o Brasil ainda permanecia em sua antiga condição de colônia, sem a presença de um monarca europeu em seu território.

83 ANRJ, Polícia da Corte, códice 323, v. 1, 1809 *apud* PECHMAN, Robert Moses. *Cidades estreitamente vigiadas*, p. 140-141.

84 O ideal de civilidade europeu não atingia a totalidade espacial das cidades do Velho Mundo, mas somente pontos específicos de cidades como Paris e Londres, deixando de fora bairros pobres e de trabalhadores, que viviam em condições tão precárias quanto aquelas com que a corte se deparou ao chegar ao Rio de Janeiro. Cf. BRESCIANI, Stella. *Londres e Paris no século XIX*: o espetáculo da pobreza. São Paulo: Brasiliense, 1982.

Mas, como pode ser percebido pelo que se analisou até aqui, a própria tarefa de enobrecer a aparência do Rio de Janeiro também estava inserida em uma modificação dos hábitos e comportamentos dos habitantes locais: os moradores deveriam deixar de lançar imundices nas ruas da cidade; deveriam se preocupar em melhorar a aparência física da urbe, construindo ou exigindo a edificação de testadas, valas, pontes etc.; deveriam abandonar o costume de construir casas térreas e de dotar suas residências de gelosias etc.

Todavia, a Intendência de Polícia também desempenhou um tipo de ação específica visando à transformação dos costumes arraigados na tradição colonial. Um dos principais focos de intervenção da polícia na corrida pela civilidade dos hábitos foi o teatro fluminense, que se tornaria palco das manifestações políticas e sociais após a chegada da corte, sobretudo a partir de 1813, quando se inaugura o Teatro de São João, obra também executada pela polícia.[85] Desse modo, em 30 de julho de 1808, antes mesmo da inauguração do Teatro de São João, construído, nas palavras de Paulo Fernandes Viana, com "a magnificência e decoração com que se acha que não cede aos mais brilhantes da civilizada e culta Europa",[86] o intendente já alertava ao general e comandante das tropas da corte, João Baptista Azevedo Coutinho de Montaury, que:

> [...] os srs. magistrados que estão propostos na inspeção dos teatros desta corte não podem coibir a licenciosa liberdade que o povo tem tomado de bater [palmas] e assobiar

---

85 MALERBA, Jurandir. *A corte no exílio*, p. 92.

86 VIANA, Paulo Fernandes. "Abreviada demonstração dos trabalhos da Polícia em todo tempo que a serviu o desembargador do paço Paulo Fernandes Viana". In: *Revista do Instituto Histórico e Geográfico Brasileiro*, p. 377.

neles sem decência e sem nenhuma atenção à boa ordem que devem guardar. Eles passam a fixar nas portas dos mesmos teatros os seus editais a determinar o modo por que cada qual se deve ali conduzir, mas como do auxílio da tropa é que depende sempre a boa execução das ordens, rogo a Vossa Excelência que determine aos cabos que fazem as guardas dos teatros que auxiliem muito vigorosamente as prisões que eles determinarem, e mesmo que as façam logo que houver motivo para isso, visto que só a força coibirá os despropósitos com que ali se conduzem.[87]

Cerca de um ano depois, o mesmo intendente de polícia pedia para que, nos dias em que houvesse espetáculo, o juiz do Crime, José da Silva Loureiro Borges, se apresentasse ao "meu camarote muito antes de principiar a ópera para providenciar [contra] todo o motim que ali se possa fazer, sem permitir assobios, gritos, pateadas e outros comportamentos e modos incivis que o povo pratica quando perde o respeito às autoridades constituídas".[88]

Além de intervir no teatro, local privilegiado para a veiculação dos novos comportamentos públicos desejados, a polícia também foi mediadora das questões que envolviam a vida privada e particular dos habitantes da corte, o que significa que a civilidade social não podia ser alcançada sem levar em conta o próprio "governo de si".[89] Desse modo, a

---

87 ANRJ, Polícia da Corte, códice 318, 30/07/1808.
88 ANRJ, Polícia da Corte, códice 323, v.1, 1809 *apud* SILVA, Maria Beatriz Nizza da. "A Intendência-Geral da Polícia: 1808-1821". In: *Acervo*: Revista do Arquivo Nacional, Rio de Janeiro, v. 1, n° 2, julho-dezembro, 1986, p. 191.
89 PECHMAN, Robert Moses. *Cidades estreitamente vigiadas*, p. 78.

Intendência convocou os moradores para resolverem seus conflitos pessoais e se comprometerem com a ordem e a tranquilidade cotidianas, assinando termos de "bem-viver".

Entre os termos de bem-viver assinados na secretaria da Intendência Geral de Polícia entre os anos de 1808 e 1810, encontram-se: o de Isabel da Natividade, mulher de Antonio Dias, que "se obriga a viver em paz em companhia de seu marido com a decência devida ao seu estado, não tendo com ele desordem alguma; de que, fazendo o contrário, será punida com prisão e com aquelas penas que lhe forem impostas por esta Intendência";[90] o de Antonio Alves, em que "por ele foi dito que por este termo se obriga a não inquietar desordem alguma com Antonio Cardoso [...] e não cumprindo assim, seja sujeito a pena de prisão e degredo ao arbítrio desta Intendência";[91] o de Manuel S. Almeida, que deveria conter-se de "fazer enredos e inquietações a seus vizinhos, abstendo-se de desordens, [sob] pena de que, obrando ao contrário, será preso e posto para fora da freguesia onde é morador";[92] o de Francisca de Paula Trindade, que determinou que ela "não devia fazer desordem na casa de sua mãe";[93] e o de Manuel Luís Hipólito, que o intimava "a viver bem com sua mulher e deixar o concubinato que está com sua escrava".[94]

A polícia também investiu contra vendas, casas de jogos e botequins, procurando controlar seu funcionamento com a concessão de licenças para que pudessem prestar serviços. Em edital publicado em julho de 1808, a polícia estabeleceu:

---

90 ANRJ, Polícia da Corte, códice 410, v.1, 1808/1810 *apud ibidem*, p. 78.
91 *Ibidem*, p. 78.
92 *Ibidem*, p. 79.
93 *Ibidem*, p. 79.
94 *Ibidem*, p. 79.

> [...] sendo da inspeção desta Intendência vigiar sobre as casas de jogos, botequins e estalagens que não se conservem sem a necessária licença [...] Ficam da data deste em diante obrigados todos os donos de casas de jogos, botequins, casas de pasto e albergues, vendas que têm comidas feitas, [...] a comparecer na secretaria desta Intendência, no prazo de três dias os de dentro da corte e no de cinco os de fora, para tirarem suas licenças e terem as referidas casas abertas e poderem usar das ditas negociações por serem todas de objetos sobre que a polícia deve vigiar.[95]

A regulamentação destas casas tinha um propósito específico: acreditava-se que tais ambientes não eram favoráveis à adoção da vida civilizada; como adverte o intendente, em edital de 7 de maio de 1808:

> [...] faço saber que importando à polícia da cidade que as vendas, botequins e casas de jogos não estejam todas as noites abertas para se evitarem ajuntamentos de ociosos, e mesmo de escravos, que, faltando ao serviço de seus senhores, se corrompem uns aos outros e se fazem maus cidadãos, dando ocasião a delitos que se serve sempre prevenir; fica da data deste proibida pela Intendência Geral de Polícia a culposa licença com que até agora estas casas se têm conservado abertas, e manda-se que logo às 10 horas se fechem e seus donos e caixeiros expulsem os que nela estiverem, debaixo da pena de pagarem cadeia os donos, caixeiros

---

95 ANRJ, Polícia da Corte, códice 318, julho de 1808.

e quaisquer pessoas que nelas forem achadas da indicada hora em diante.⁹⁶

Tais casas, como se vê pelo edital, preocupavam a polícia por serem espaços de proliferação da desordem. Nelas, ajuntavam-se ociosos, escravos e possíveis criminosos, tipos que não se enquadravam nos padrões de civilidade desejados e, quase sempre, eram aqueles que compunham o cenário da violência urbana.

Acerca da violência no Rio de Janeiro, o português Luiz Joaquim dos Santos Marrocos afirma que eram frequentes os roubos e assassinatos, de modo que eram praticados "sem vergonha e logo ao princípio da noite, de sorte que têm horrorizado as muitas e bárbaras mortes que têm feito; em cinco dias, contaram-se, em pequeno circuito, 22 assassínios".⁹⁷ O português também reitera que "o caso está muito sério, por não se poder andar na rua [até] tarde, [sendo que eu mesmo me] recolho às 8 horas da noite".⁹⁸ Ainda segundo Marrocos:

> [...] nesta cidade e seus subúrbios temos sido muito insultados de ladrões. [...] Tem sido tal o seu descaramento que até avançam a pessoas mais distintas e conhecidas, como foi o próprio chefe da polícia. O chefe de divisão, José Maria Dantas, recebeu por grande favor duas tremendíssimas bofetadas, por cair no erro de trazer pouco dinheiro, depois de lhe roubarem o relógio. Além disto, têm degolado várias mulheres, depois de sofrerem outros insultos, o que tudo tem dado que fazer ao corpo da

---

96 *Ibidem*, 07/05/1808.
97 "Cartas de Luiz Joaquim dos Santos Marrocos escritas do Rio de Janeiro à sua família em Lisboa, de 1811 a 1821". In: *Anais da Biblioteca Nacional do Rio de Janeiro*, p. 163.
98 *Ibidem*, p. 164.

polícia; não sendo este suficiente para as rondas e patrulhas multiplicadas em todas as ruas, o intendente mandou armar e aprontar todas as justiças de paisanos para ajudarem os da polícia, mas os pobres Aguazis até já foram acometidos e indultados pelas grandes quadrilhas de ladrões que lhes têm dado coças.[99]

No intuito de diminuir a criminalidade da cidade, o intendente expediu, em 13 de abril de 1831, as "convenientes ordens para serem postas em vigor as leis e editais que proíbem o uso de armas, pois que só da exata e literal execução dela podem nascer a liberdade e a tranquilidade públicas, que mais que tudo devo promover".[100] Assim, com a tarefa de zelar pela tranquilidade social e pelos bons costumes, a polícia se ocupará da parcela indesejada da população, em que se enquadravam os vadios e ociosos que frequentavam as tavernas e casas de jogos, pois eram considerados agentes da desordem, "visto que a experiência e os fatos têm mostrado que os assassínios, roubos, violências e insultos são, geralmente, praticados por homens vagabundos sem ocupação".[101] Para assegurar a segurança pública, a polícia, por meio da utilização dos vadios em "benefício do Estado",[102] criaria mecanismos de incorporação desses homens à nova concepção de ordem que se formulava. Um destes mecanismos era "recrutar vadios e descobrir homens suspeitos e jogadores que se achem nas casas de jogos, e os

---

99 "Cartas de Luiz Joaquim dos Santos Marrocos escritas do Rio de Janeiro à sua família em Lisboa, de 1811 a 1821". In: *Anais da Biblioteca Nacional do Rio de Janeiro*, p. 163-164.
100 ANRJ, Polícia da Corte, códice 343, 13/04/1831.
101 *Ibidem*, julho de 1831.
102 ANRJ, Polícia da Corte, códice 323, v. 1, 19/05/1809 *apud* PECHMAN, Robert Moses. *Cidades estreitamente vigiadas*, p. 100.

remeter ao marechal de campo, encarregado do governo das armas, para ele os distribuir pelos regimentos".[103] Outra forma de incorporar os ociosos era exigir que eles "tomem emprego honesto e útil de que possam subsistir, sob pena de lhe serem impostas as [leis] do Código Criminal".[104] Para isso, a própria Intendência auxiliava, empregando vadios e condenados na execução das obras públicas, medida esta que coibia a ociosidade e trazia "muito benefício à segurança pública, por temerem os vadios este destino".[105]

Além disso, o intendente ordenava, em conformidade com a lei da Intendência desde sua criação em Portugal, que se procedesse "contra todos os que dão estalagem ou agasalho por dinheiro, [os quais] devem dar parte imediatamente da gente que recebem, para deste modo ser mais fácil [o] conhecimento [...] de vadios e pessoas de suspeita".[106] Todas estas medidas, ao procurar incorporar os desordeiros ao mundo civilizado, visavam a "aliviar a sociedade do peso de consumidores que não produzem senão vícios e crimes, e que deixam a agricultura e a indústria sem os braços trabalhadores de que muito se necessita".[107]

Em suma, o que se percebe é que a polícia, a partir da criação da Intendência, além de manter as atividades de controle da violência e da manutenção da tranquilidade pública,

---

103 ANRJ, Polícia da Corte, códice 318, 1808.
104 ANRJ, Polícia da Corte, códice 343, julho de 1831.
105 VIANA, Paulo Fernandes. "Abreviada demonstração dos trabalhos da Polícia em todo tempo que a serviu o desembargador do paço Paulo Fernandes Viana". In: *Revista do Instituto Histórico e Geográfico Brasileiro*, p. 376.
106 ANRJ, Polícia da Corte, códice 323, v. 1, 1809 *apud* PECHMAN, Robert Moses. *Op. cit.*, p. 99.
107 ANRJ, Polícia da Corte, códice 324, v. 1, 1837/1834 *apud* PECHMAN, Robert Moses. *Cidades estreitamente vigiadas*, p. 103.

atividades de que já era incumbida durante o período colonial, assume – em razão de uma nova configuração institucional que confere às forças da ordem atribuições e deveres inéditos – o papel de europeizar o Rio de Janeiro e sua população. Assim, com suas novas estratégias de controle social decorrentes da transformação da concepção de ordem que a própria polícia ajudou a formular, a Intendência iniciou a instauração de um modelo de sociabilidade fundamentado nos padrões de urbanização e civilidade característicos das sociedades europeias mais desenvolvidas.

A Intendência Geral de Polícia, no entanto, foi gradativamente se afastando destas tarefas civilizatórias e especializando-se naquelas relativas ao combate à criminalidade, passando a priorizar intervenções de caráter repressivo. Isso porque, aos poucos, outras instituições também se envolveram na busca por um Rio de Janeiro mais civilizado, ocupando um espaço que, desde os tempos do primeiro intendente Paulo Fernandes Viana, era prioritariamente da Intendência.[108] Assim, ao ser extinta a Intendência de Polícia, em 1839, substituída pela Chefatura de Polícia, as tarefas de melhoria da cidade, que já vinham sendo abandonadas pelo intendente e reincorporadas pelo Senado, deixam de vez de ser atribuições da polícia, restando a esta apenas a segurança pública e o policiamento urbano.[109] Entre aquelas outras instituições que então ganharam destaque no processo de civilização da cidade e de seus habitantes, destaca-se a Sociedade de Medicina do Rio de Janeiro, que, ao ser fundada em 1829,

---

108 FRANÇA. Jean Marcel Carvalho. *A higienização do povo*: medicina social e alienismo no Rio de Janeiro oitocentista. Dissertação (Mestrado em Sociologia) – Faculdade de Filosofia e Ciências Humanas, Universidade Federal de Minas Gerais, Belo Horizonte, 1990, p. 44.

109 RIOS FILHO, Adolfo Morales de los. *O Rio de Janeiro imperial*, p. 131.

marcou a grande ofensiva da medicina social no Brasil por meio da institucionalização da higiene pública.[110] Como mencionamos, a atividade policial foi se especializando em ações ligadas à repressão da criminalidade, abandonando aquelas tarefas civilizatórias. No entanto, o fato de a polícia ter abandonado tais funções não significou que as mesmas tenham se extinguido do imaginário que vinha se formando desde o desembarque de Dom João. Ao contrário, se a polícia perdera tais atribuições foi porque outros saberes e instituições mostraram-se mais eficazes para desenvolver este gênero de tarefas. Foi o que ocorreu com os problemas relacionados à higiene pública, que deixaram de ser uma preocupação da Intendência para se consolidar como assuntos médicos.

O que ocorre, a partir de então, é que a medicina passa a demandar o controle das medidas higiênicas, medidas que haviam sido delegadas à Intendência, dando continuidade com isso, ao menos no que se refere à saúde pública, ao processo de europeização iniciado pela instituição policial. Assim, o projeto civilizatório da medicina se consolidou em complementaridade ao projeto civilizatório iniciado pela polícia. Muitas vezes, inclusive, polícia e medicina até trabalharam em conjunto, como na criação do Instituto Vacínico, em 1810, de que tanto o intendente de polícia quanto o físico-mor, principal autoridade médica do período, fizeram parte.[111] O intendente também recorreu aos serviços médicos em algumas ocasiões, como ao solicitar, em 1836, um parecer dos médicos sobre uma substância mais conveniente para envenenar os cães que infestavam as ruas do Rio de Janeiro.[112]

---

110   MACHADO, Roberto *et al. Danação da norma*, p. 184-185.
111   MACHADO, Roberto *et al. Danação da norma*, p. 170.
112   *Revista Médica Fluminense*, Rio de Janeiro, n. 10, 1836, p. 10-11.

A partir do Oitocentos, porém, a higiene pública constituir-se-ia na principal preocupação da medicina, o que implicaria em uma mudança radical do discurso e prática médicos em relação ao período colonial, pois a medicina transformou-se de uma ação de cura em relação ao indivíduo em uma intervenção preventiva no espaço social; como afirma Roberto Machado:

> [...] transformação radical operada no âmbito da medicina, que diz respeito tanto a suas formas de conhecimento – atingindo seu objeto, método e conceitos básicos – quanto a seu modo de intervenção. [...] A característica mais geral desta transformação é o fato de a medicina se tornar social. A prática médica não deve mais se restringir a considerar a doença isoladamente, como uma essência independente, e a atuar sobre ela depois que tenha eclodido. O fundamental será, não a ação direta sobre a doença para restabelecer a saúde, mas, antes de tudo, impedir o seu aparecimento, controlar a sua manifestação. O objeto da medicina começa a se deslocar, portanto, da doença para a saúde. [...] A medicina social é basicamente uma medicina preventiva. No momento em que, pela primeira vez, se pensa em prevenção e se organiza um dispositivo para realizá-la, a medicina situa as causas da doença não no próprio corpo doente, mas naquilo que o cerca, em sua circunvizinhança, no meio ambiente.[113]

---

113 MACHADO, Roberto et al. Op. cit., p. 247-248.

A transformação também diz respeito à figura do médico. A ideia era estabelecer uma polícia médica[114] que atendesse aos interesses dos físicos de exercerem uma função político-administrativa, ou seja, de adquirirem poder sobre a cidade e a população por meio de uma ação política em que o médico se tornaria a autoridade responsável por tudo o que dizia respeito à saúde.[115] Desse modo, a figura do profissional de saúde também vai se modificar durante o século XIX, assumindo características bastante diferentes daquelas típicas do período colonial, quando o médico aparecia como mero consultor do poder público, funcionando mais como o legitimador do poder institucional – no caso, a Câmara – do que como uma autoridade política específica integrada ao Estado e dotado de um poder especializado que lhe era conferido.[116] Ou seja, ao longo do Oitocentos, medicina e Estado assumiram um compromisso: "o Estado aceitou medicalizar suas ações políticas, reconhecendo o valor político das ações médicas".[117]

Após o desembarque de Dom João no Rio de Janeiro, o monarca criou a Provedoria-mor de Saúde, em 1809, instituição propriamente médica, comandada pelo físico-mor Manoel Vieira da Silva, que surgiu com atribuições de uma polícia sanitária que, vinculada ao poder estatal, assumiu o controle das medidas de higiene pública.[118] Tal instituição veio intensificar ainda mais a confusão de poderes relativos à saúde, que também já tinha entre seus executores o Senado

---

114 Cf. ROSEN, George. *Da polícia médica à medicina social*. Rio de Janeiro: Graal, 1979, p. 169.
115 MACHADO, Roberto *et al*. *Danação da norma*, p. 95.
116 *Ibidem*, p. 148-149.
117 COSTA, Jurandir Freire. *Ordem médica e norma familiar*. Rio de Janeiro: Graal, 2004, p. 28-29.
118 MACHADO, Roberto *et al*. *Op. cit.*, p. 162-165.

da Câmara e a Intendência de Polícia. No entanto, apesar de ser uma instituição controlada pelos profissionais da medicina, a Provedoria de Saúde não correspondeu aos interesses dos médicos, sendo extinta no ano de 1829. De acordo com Jean Marcel Carvalho França:

> [...] a criação da Provedoria satisfazia, assim, as exigências da Fisicatura: supria a carência de um órgão que, controlado por médicos, elaborasse e coordenasse a política sanitária da corte. Sua atuação, no entanto, muito deixou a desejar. No período em que esteve sob a coordenação do Dr. Manoel Vieira da Silva, ela em pouco contribuiu para aumentar a participação da classe médica nos processos de conhecimento e higienização da cidade e de seus habitantes. Igualmente irrisória foi sua atuação em favor da categoria: não promoveu a implantação do ensino médico universitário, não editou uma única revista ou jornal especializados e, nem tampouco, intensificou o combate ao charlatanismo. Em 1828, a instituição, em decorrência da extinção do cargo de Físico-Mór, passou a ser controlada pela Câmara Municipal. Por intermédio de seus fiscais, cabia a esse novo gestor inspecionar as boticas, o comércio de drogas e gêneros alimentícios, promover a limpeza dos logradouros públicos e fiscalizar o exercício da profissão médica. Voltava-se, assim, a desmedicalizar a política sanitária da cidade, excluindo a classe médica das instâncias decisórias do setor.[119]

---

119 FRANÇA. Jean Marcel Carvalho. *A higienização do povo*, p. 59.

Apesar do interesse dos próprios médicos pela extinção da Provedoria-mor de Saúde, tanto pela perda do controle da instituição para o Senado quanto pela sua ineficácia em promover as reivindicações dos bacharéis, os físicos também solicitaram ao governo que ela fosse "substituída por outra instituição que exclusivamente se empregasse em vigiar sobre esse importante ramo da pública administração",[120] solicitação que não foi, de imediato, atendida. Com isso, as ações relativas à higiene pública e à saúde voltaram a ser comandadas pela Câmara Municipal, o que gerou uma série de críticas por parte dos médicos. Segundo eles, a Câmara não possuía as condições necessárias para executar as medidas de planejamento sanitário e de higienização da cidade e dos habitantes "por falta dos conhecimentos científicos necessários"[121] que somente poderiam ser encontrados nos médicos e no saber especializado que eles produziam; como afirmam os próprios médicos:

> [...] diremos francamente que não achamos nossas municipalidades, pela natureza de sua organização e multiplicidade de seus encargos, muito aptas para darem à cidade um completo sistema sanitário e o levar à execução. Ele demanda uma variedade de altos conhecimentos, um tempo longo, e um vigor e permanência de ação, que não é o apanágio de uma administração temporária e de eleição popular. É isto reconhecido nos países mais adiantados em civilização. Paris possui, desde 1802, um Conselho de Salubridade, que debaixo da direção do Prefeito da Polícia se ocupa das matérias de higiene pública. A este se devem especialmente os grandes

---

120 MACHADO, Roberto *et al. Danação da norma*, p. 219.
121 *Revista Médica Fluminense*, Rio de Janeiro, n. 4, 1840, p. 146.

melhoramentos que ali apresenta esse ramo da administração municipal. Ora, no nosso pensar, uma semelhante instituição, modificada segundo a índole dos nossos costumes, legislação e circunstâncias do país, poderia só satisfazer as necessidades públicas.[122]

Ainda segundo eles, este Conselho de Salubridade do qual deveriam fazer parte:

> [...] se ocuparia especialmente da inspeção dos mercados; da qualidade e falsificação dos gêneros alimentares e medicamentosos; das fábricas e manufaturas insalubres; das epizocias e epidemias; dos hospitais; dos cemitérios; enfim, da formação de uma estatística médica e dos quadros da mortalidade. Em outras circunstancias ela deveria obrar de acordo com um estabelecimento de que carece o Rio de Janeiro, cuja existência e importância já têm sido lembradas, e a não esquecerão os homens ilustrados que têm hoje em suas mãos os destinos públicos: falo de uma administração das obras públicas. Estas duas corporações tratariam do nivelamento, direção, alargamento e decoração das ruas e das praças; da construção das casas e dos edifícios públicos; do levantamento de um plano geral da cidade, ao qual se deviam conformar as novas edificações, quer dentro da cidade, quer nos arrabaldes: e dar começo a destruir e emendar o que há de defeituoso e bárbaro nas coisas antigas, para não legarmos aos vindouros a

---

122 *Revista Médica Fluminense*, Rio de Janeiro, n. 1, 1838, p. 294-295.

impossibilidade de fazer o bem ou de o fazer só a custa de pesados sacrifícios.[123]

Mesmo com o apelo médico pela criação de outro órgão, tal desejo não foi prontamente atendido. Todavia, no mesmo período em que é extinta a Provedoria-mor de Saúde, inicia--se a grande ofensiva da medicina brasileira em direção à medicina social, quando é criada, em 1829, da Sociedade de Medicina e Cirurgia do Rio de Janeiro, nome que a instituição médica manteria até 1835, quando passou a ser chamada de Academia Imperial de Medicina.[124]

A criação da Sociedade de Medicina, inspirada no projeto de medicina social realizado na França, decorreu de duas preocupações fundamentais entre os médicos envolvidos na implantação da medicina social no Brasil: a defesa da ciência médica e da saúde pública. Defender a ciência médica significava uniformizar o saber médico por meio do controle do exercício da profissão que, por sua vez, seria fruto do controle sobre o ensino.[125] Nesse sentido, defender a ciência médica significava atribuir à medicina o status de única verdade sobre as questões de saúde, combatendo todas aquelas outras formas de curar características dos tempos coloniais, agora reunidas sob o rótulo de práticas charlatãs.[126] Para isso, os fí-

---

123 *Revista Médica Fluminense*, Rio de Janeiro, n. 1, 1838, p. 295.

124 SINGER, Paul *et al*. *Prevenir e Curar*: o controle social através dos serviços de saúde. Rio de Janeiro: Forense Universitária, 1978, p. 104.

125 A Sociedade de Medicina elaborou o plano de organização das Faculdades de Medicina da Bahia e do Rio de Janeiro, aprovado pela Câmara em 3 de outubro de 1832. SALLES, Pedro. *História da medicina no Brasil*. Belo Horizonte: G. Holman, 1971, p. 148.

126 SAMPAIO, Gabriela dos Reis. *Nas trincheiras da cura*: as diferentes medicinas no Rio de Janeiro imperial. Campinas, SP: Editora da Unicamp, 2001, p. 26.

sicos não pouparam críticas às demais artes curativas, com o intuito de desqualificar tais práticas, aumentar a aceitação e a autoridade do médico entre a população e melhorar, assim, a sua imagem pública:[127]

> [...] charlatães imprudentes abusando da credulidade e fé pública se tornam assassinos impunes, acobertados com falsos títulos de médicos e cirurgiões em contravenção ao artigo do Código Criminal; e todos os dias se anunciam até pelos periódicos pessoas que curam tal e tal enfermidade e que possuem receitas para tais e determinadas moléstias; e nenhuma autoridade, que eu saiba, executa a esse respeito as leis em vigor.[128]

Defender a melhoria da higiene pública, por outro lado, significava "indagar a natureza dos males que afligem e destroem um grande número de cidadãos, e em descobrir, ilustrar e ampliar meios apropriados para prevenir e combater estes males";[129] eis o que diz o próprio estatuto da Sociedade a este respeito:

> [...] a Sociedade de Medicina do Rio e Janeiro institui-se para se ocupar de todos os objetos que podem contribuir para os progressos dos diferentes ramos da arte de curar: para comunicar às autoridades competentes pareceres sobre higiene pública; para responder as questões do governo sobre tudo o que respeita à saúde pública, principalmente sobre as epidemias, casos de medicina legal, doenças reputadas contagiosas e capazes de

---

127 FRANÇA. Jean Marcel Carvalho. *A higienização do povo*, p. 56.
128 *Revista Médica Fluminense*, Rio de Janeiro, n. 2, 1835, p. 13.
129 *Semanário de Saúde Pública*, Rio de Janeiro, n. 7, 1831, p. 39.

serem contraídas de países estrangeiros; sobre a propagação da vacina, o exame dos remédios novos e secretos, de descobertas que podem ter resultados vantajosos ou nocivos na sua aplicação na medicina [...]. O fim da Sociedade é melhorar o exercício da medicina, e esclarecer as questões numerosas que respeitam à salubridade das grandes cidades e do interior das províncias do Império. Constituída em corpo científico, a Sociedade se tornará uma guarda vigilante da saúde pública, sem esperar a paga de um salário para cumprir dignamente o seu dever, e oferecerá nas ocorrências difíceis um apoio salutar ao governo, assinalando as causas que ameaçam a saúde pública, traçando as regras de conduta na invasão e marcha das epidemias, propondo leis sanitárias em harmonia com o estado atual dos conhecimentos médicos, com as relações comerciais dos povos e as instituições constitucionais do Brasil.[130]

Para alcançar tais objetivos, a Sociedade dispôs de duas táticas: assumiu o papel de consultora da Câmara em assuntos de higiene, pois os médicos tomavam sua instituição como o lugar de onde emanavam "salutares conselhos às autoridades administrativas e policiais em tudo que fosse interessada a saúde pública";[131] e editou uma série de periódicos[132] com a finalidade de propagar suas ideias pela sociedade.

---

130 *Semanário de Saúde Pública*, Rio de Janeiro, n. 5, 1831, p. 25.
131 *Revista Médica Fluminense*, Rio de Janeiro, n. 2, 1835, p. 10.
132 Foram os seguintes os periódicos publicados durante o século XIX pela Sociedade de Medicina do Rio de Janeiro: Semanário de Saúde Pública (1831-1833), Revista Médica Fluminense (1835-1841), Revista Médica Brasileira (1841-1843), Anais de Medicina Brasiliense (1845-1849), Anais Brasilienses de

No primeiro caso, o de consultoria, a Sociedade criou quatro Comissões Permanentes: a Comissão de Vacina, encarregada da disseminação de vacinas na população; a Comissão de Consultas Gratuitas que, além de atrair os pobres que ainda recorriam às práticas tidas como charlatãs, ajudava a detectar e a controlar o contágio de doenças entre as camadas mais baixas da população; a Comissão de Doenças Reinantes, que organizou os primeiros quadros estatísticos que relacionavam as moléstias e a mortalidade; e a Comissão de Salubridade Geral, que se tornou o epicentro da implantação da medicina social, pois seus médicos percorriam as ruas do Rio de Janeiro identificando os possíveis focos anti-higiênicos, que eram notificados às autoridades, juntamente com a cobrança de medidas públicas e propostas de soluções para resolver os problemas detectados.[133]

Em correspondência enviada à Sociedade, a própria Câmara reconhecia os benefícios que tal instituição promoveria ao recomendar medidas sanitárias necessárias à cidade:

> [...] a mesma Câmara, bem certa do patriotismo e luzes de tão distinta como sabia Sociedade, não deixará de se aproveitar dos seus conselhos e conhecimentos em tudo o que respeita a saúde pública; e tem dado ordem para se expedir às demais Câmaras Municipais da Província a conveniente participação da oferta da mesma Sociedade a fim de que todas se possam utilizar das vantagens que da instituição da mesma

---

Medicina (1849-1885) e Anais da Academia de Medicina do Rio de Janeiro (1885-1916).

133 MACHADO, Roberto *et al*. *Danação da norma*, p. 187-188.

Sociedade se podem colher a favor do Brasil e da humanidade.[134]

Para os médicos, a publicação dos jornais e revistas por intermédio da Sociedade de Medicina também traria frutos à saúde pública de São Sebastião, uma vez que os periódicos "iluminam a opinião pública, espalham a instrução em todas as classes e, assim, alcançam o mais louvável fim, o de ensinar aos povos e de lhes lembrar por uma contínua repetição e por uma lição diária os seus direitos e os seus deveres".[135] Esta tarefa pedagógica tinha sua razão de existir, pois, como afirmam os próprios físicos, "eis por onde deviam principiar as nossas reformas, pela moral e pelos bons costumes".[136]

O papel de consultores da Câmara seria desempenhado pelos médicos até 1850, quando seus esforços para se estabelecerem como autoridades reconhecidas pelo poder público, por meio do controle de uma instituição que centralizasse e coordenasse as medidas de saúde pública, seriam finalmente recompensados. Isso ocorreu devido à ineficácia da Câmara em combater uma epidemia de febre amarela que, iniciada em dezembro de 1849, levou à morte mais de 4 mil pessoas. Assim, em 5 de fevereiro de 1850, foi nomeada a Comissão Central de Saúde Pública, que seria o embrião da Junta de Higiene Pública, criada em 14 de setembro de 1850, e que depois passaria a ser chamada de Junta Central de Higiene Pública, por reunir todas as decisões relativas à saúde;[137] como afirmaram os médicos:

---

134 *Semanário de Saúde Pública*, Rio de Janeiro, n. 19, 1831, p. 97-98.
135 *Semanário de Saúde Pública*, Rio de Janeiro, n. 1, 1831, p. 1.
136 *Revista Médica Fluminense*, Rio de Janeiro, n. 2, 1835, p. 14.
137 RIBEIRO, Lourival. *O barão de Lavradio e a higiene do Rio de Janeiro*. Belo Horizonte: Itatiaia, 1992, p. 91-92.

> [...] a solicitude do governo imperial pela saúde pública tão gravemente ameaçada [...] satisfez uma das necessidades de há muito reclamadas pelo voto geral da população do Rio e Janeiro, qual a de nomear uma comissão de médicos, como juízes competentes, para entender sobre tão delicado assunto. Em data de 5 de fevereiro nomeou [...] uma comissão central de saúde pública - com o fim de proporem todas as medidas necessárias para arredar de sobre a população tão terrível flagelo.[138]

O ano de 1850 torna-se, assim, o ponto alto do estabelecimento da medicina social no Brasil, que teve a Sociedade de Medicina como grande organizadora durante a primeira metade do Oitocentos, cujo projeto de civilização formulado para o Rio de Janeiro teria como eixo principal a higienização da cidade.

Assim, a tarefa de tornar o Rio de Janeiro um lugar mais civilizado foi desempenhada pela Sociedade de Medicina principalmente por meio da higiene pública, que incorporou a cidade e a população ao campo do saber médico, passando a intervir em tudo o que se relacionasse com aquilo que se convencionou denominar prevenção de problemas sanitários.[139] Os principais problemas levantados pela Sociedade continuaram a ser, basicamente, aqueles mesmos já apontados em 1798 pelos médicos consultados pela Câmara: o clima e a localização do Rio de Janeiro.

> [...] o clima do Rio de Janeiro é insalubre: todo o mundo o reconhece e padece de sua

---

138 *Anais Brasilienses de Medicina*, Rio de Janeiro, n. 4, 1850, p. 93-94.

139 COSTA, Jurandir Freire. *Ordem médica e norma familiar*, p. 28.

influência [...]. Situada ainda na zona ardente, sobre uma planície baixa rodeada de mar, de pântanos e de montanhas, esta cidade reúne duas condições de clima muito contrárias à saúde: o calor e a umidade. O calor resulta da posição vertical do sol nos meses de dezembro, janeiro e fevereiro, e da reverberação das montanhas e rochas de granito que vizinham a cidade; a umidade que domina em sua atmosfera provém da evaporação das águas do mar e dos pântanos; e a do solo é consequência de ser este nivelado com a superfície do mar, e pouco declive para o escoamento pronto das águas superiores.[140]

A umidade e o calor, entretanto, "não são tão malfazejos por si mesmos, como por favorecerem o desenvolvimento e propagação dos miasmas e gases deletérios que são a causa da maior parte das moléstias graves e epidemias devastadoras que afligem a espécie humana".[141] Desse modo, o ar atuaria como o veículo de propagação das doenças que se formariam da combinação do clima com o acúmulo de águas estagnadas e imundícies.

Os pântanos eram considerados um dos principais causadores das doenças, por serem focos constantes de exalação de miasmas. A preocupação com os charcos era fruto de que os arredores do Rio de Janeiro eram "em grande parte cobertos de pântanos salinos, cujo fundo vasoso é alteradamente exposto à ação dos raios solares pelo abaixamento das marés. O seu recinto, é forçoso dizê-lo, é um vasto foco de emanações pútridas".[142] Assim como os pântanos, o acúmulo de

---

140 *Revista Médica Fluminense*, Rio de Janeiro, n. 1, 1838, p. 292-293.
141 *Ibidem*, p. 294.
142 *Revista Médica Fluminense*, Rio de Janeiro, n. 1, 1838, p. 294.

sujeira nas praias fluminenses também provocava grandes inconvenientes à preservação da saúde pública, uma vez que seriam nos lugares próximos das praias "aonde se ajuntam substâncias em putrefação, em que ela costuma desenvolver-se e exercer os seus maiores furores, devemos crer que ali é que se forma e desenvolve o princípio morbífico que lhe dá origem, e que o veículo deste princípio é o ar atmosférico".[143] As ruas e praças, por serem locais de acúmulo "de nojentas imundices e de exalações pútridas que revoltam a vista e o olfato",[144] também não escapam à mesma situação de serem fontes de moléstias; como destacam os médicos:

> [...] assim vemos nossas praias e ruas no estado mais imundo, como talvez não se ache entre os povos mais bárbaros do globo; e as mesmas praças onde se festejam as solenidades nacionais, as mesmas em que residem as autoridades destinadas a promover e zelar a limpeza e saúde pública, feitas lugar de despejo geral, oferecendo aos olhos de quem por ali passa o nojento aparato da mais suja e fétida cloaca, revoltante tapete que há de ser pisado pelos pés de quem vai dar vivas à liberdade e à independência da pátria.[145]

Mas o que a medicina propunha como solução para tantos e tão graves problemas? Ao delimitá-los e divulgá-los nos periódicos, os médicos esperavam que suas reflexões pudessem "despertar a quem dorme; possam, pela atividade dos acordados, a humanidade e o povo respirar e viver seguros que quando inalam o sopro da atmosfera que os circula, [...]

---

143 *Anais Brasilienses de Medicina*, Rio de Janeiro, n. 10, 1851, p. 217.
144 *Semanário de Saúde Pública*, Rio de Janeiro, n. 12, 1831, p. 68.
145 *Semanário de Saúde Pública*, Rio de Janeiro, n. 101, 1832, p. 339.

eles não introduzem em si o germe das suas enfermidades e da sua morte".¹⁴⁶ Em relação aos problemas decorrentes do calor intenso e da umidade em excesso, os médicos propõem:

> [...] estas condições são comuns para todos os países equatoriais e situados ao nível e proximidade das águas. E se a elas não é possível subtrairmo-nos inteiramente, também não é duvidoso que até um certo ponto sua ação pode ser corrigida pela indústria do homem [...]. Se as casas do Rio de Janeiro fossem espaçosas; bem distribuídos os seus compartimentos; arejada por ventiladores; se as ruas fossem largas; as praças mais numerosas, grandes, e plantadas de arvoredo; duvidará alguém que estas circunstâncias corressem a mitigar a intensidade do calor? Não correriam ainda, por outra parte, a diminuir a umidade da atmosfera, se a elas ajuntarmos um bom sistema de nivelamento e de calçadas da cidade que desse esgoto pronto às águas pluviais e de serventia doméstica?¹⁴⁷

O objetivo era tornar o Rio de Janeiro um lugar mais saudável para se viver e, com isso, um local também mais civilizado. Para tal, o principal recurso de que a Sociedade dispunha não poderia ser outro além da higiene pública:

> [...] esta higiene compreende a vigilância sobre as águas estagnadas, a conservação da limpeza nas valas, o consumo das imundices amontoadas, o depósito de animais mortos, o de urinas e materiais fecais nos cantos das ruas e, sobretudo, nos becos; o transporte das

---

146 *Ibidem*, p. 340.
147 *Revista Médica Fluminense*, Rio de Janeiro, n. 1, 1838, p. 293.

lamas postas em montão, a acumulação das imundices e despejos nas praças públicas, como na da Constituição, Campo da Honra, etc., o calçamento regular e lavagem periódica das ruas, a amontoação dos líquidos fermentados ou pútridos lançados das vendas, das fábricas de refinar açúcar, de velas de sebo, de destilações, de corrieiros; aí temos uma série de ocupações indispensáveis.[148]

Cuidar das imundices da cidade tornou-se primordial. Além de propor "um nivelamento próprio"[149] para os caminhos públicos, o que evitaria que as águas estagnassem e provocassem os problemas daí decorrentes, os médicos, ao mesmo tempo, aconselhavam "providências para a limpeza das ruas, praças e praias, fazendo-as regar nos dias mais calmosos; mandando-se proceder à limpeza das valas e construir uma ponte sobre o mar para os despejos [...]".[150] Assim, zelar pela higiene das ruas era fundamental. Tal como fez a Intendência de Polícia, a Sociedade de Medicina também dedicou atenção especial à Rua da Vala, que sempre figurou entre os principais problemas sanitários do Rio de Janeiro:

> [...] a Rua da Vala, que sendo uma das principais ruas, por ser aquela que serve para dar esgoto às águas de uma grande porção de ruas da cidade, deve-se sempre conservar muito limpa para que as águas possam correr livremente, o que de modo algum se conseguirá se uma estrema vigilância não obstar a

---

148 *Diário de Saúde ou Efemérides das Ciências Médicas e Naturais do Brasil*, Rio de Janeiro, n. 29, 1835, p. 228.
149 *Revista Médica Fluminense*, Rio de Janeiro, n. 4, 1840, p. 150.
150 *Anais Brasilienses de Medicina*, Rio de Janeiro, n. 9, 1851, p. 214.

que nela se façam despejos de qualquer natureza que sejam.[151]

Mas os problemas de higiene do Rio de Janeiro não se concentravam apenas da porta das residências para fora. As casas também eram consideradas focos anti-higiênicos pelos físicos, por terem uma arquitetura fechada e vedada ao mundo exterior, herança dos tempos coloniais.[152] Os médicos ainda lembravam a falta de cuidado e de técnica apropriada no processo de edificação das moradias:

> [...] no chão da cidade, quase à superfície, se encontra água, de onde resulta que os alicerces dos edifícios estão constantemente banhados; e que pela má qualidade do cimento a água subterrânea sobe por imbibição até grande altura nas paredes, além do pavimento, vem aumentar a umidade do ar já superabundante; e torna as habitações baixas da cidade nimiamente malsãs. Este inconveniente pode ser remediado ou pela composição de um cimento impermeável; ou, o que talvez será mais fácil entre nós, cobrindo-se à flor da terra os alicerces com um lajedo de cantaria, e sobre este continuarem-se as paredes do edifício.[153]

No entanto, não foi só por sua disposição arquitetônica que as casas foram consideradas insalubres e tornaram-se alvos de intervenção. A sua localização também interferia nas condições de saúde, como no caso das que eram edificadas próximas às igrejas:

---

151 *Revista Médica Fluminense*, Rio de Janeiro, n. 4, 1840, p. 149.
152 COSTA, Jurandir Freire. *Ordem médica e norma familiar*, p. 110.
153 *Revista Médica Fluminense*, Rio de Janeiro, n. 1, 1838, p. 293-294.

[...] todas as casas próximas as igrejas são inabitáveis por extremamente doentias. Ao pé de uma das freguesias desta corte há uma casa que muda, por assim dizer, de moradores de dez em dez dias, tanto os moradores a acham má e pestilenta. As matérias, que resultam da decomposição dos cadáveres, exsudam continuamente de uma das paredes contíguas ao cemitério dessa igreja; isto mesmo acontece com as catacumbas, apesar de serem geralmente tidas como não perigosas: as suas exalações são muito sensíveis; e no centro da cidade, quer elas, quer outras quaisquer sepulturas são muito perigosas e fatais à saúde pública.[154]

O costume de enterrar os mortos nas igrejas foi um dos principais hábitos combatidos pela Sociedade de Medicina. As igrejas, segundo os médicos, eram construídas de maneira "que não só reina nelas uma umidade constante, mas ainda o ar não tem um movimento livre nos lugares onde se fazem os enterramentos, condições que tendem a concentrar os vapores infectos e a levar sua densidade a ponto de torná-los muito prejudiciais".[155] Em consequência dos enterros nas igrejas, as emanações infecciosas que circulavam pelo ambiente eram consideradas extremamente deletérias, tanto que o Dr. Lino Coutinho, em 1831, reclama da morte de uma irmã por causa de "uma febre pútrida que ela contraiu indo de manhã a uma igreja, onde se abria uma cova".[156] Em vista disso, a Sociedade cobrava medidas das autoridades e da população contra este

---

154 *Revista Médica Fluminense*, Rio de Janeiro, n. 11, 1836, p. 4.
155 *Revista Médica Fluminense*, Rio de Janeiro, n. 6, 1840, p. 246.
156 *Semanário de Saúde Pública*, Rio de Janeiro, n. 11, 1831, p. 60.

hábito tão "bárbaro e indecente (fazendo-se da casa de Deus o depósito da corrupção humana)":[157]

> [...] não devo deixar de clamar e dizer ao povo e às autoridades no jornal e por todas as formas e meios, que isto de enterros nas igrejas e cidades é mau. Embora já tenha sido dito e redito: uma lição, nem duas bastam para ensinar: é preciso repeti-las; com isto evita-se que as primeiras caiam no esquecimento e que as boas práticas caiam em desuso. Diga-se pois à Câmara Municipal que o tempo de executar tem chegado, e que toda a dilação é prejudicial e pouco honrosa.[158]

A Sociedade clamava, pois, pelo fim dos enterros nas igrejas e também nos cemitérios localizados dentro da cidade, aconselhando que somente se sepultassem os cadáveres em cemitérios afastados do centro do Rio de Janeiro, "pois assim o exige a moral, a saúde e o bem estar da sociedade".[159] Entretanto, não bastava afastá-los da cidade, era necessário planejá-los de acordo com as normas que os médicos estabelecessem:

> [...] em uma grande cidade deve haver sempre muitos cemitérios, e estes terem 3 ou 4 vezes mais extensão do que o espaço necessário para aí depor os corpos, [...] devem estar situados tanto quanto o permitem as localidades em um lugar elevado, nem muito nem pouco distantes da cidade; ao sul das habitações, de modo que os ventos do norte não soprem sobre elas depois de sobrecarregados

---

157 *Revista Médica Fluminense*, Rio de Janeiro, n. 2, 1835, p. 12.
158 *Revista Médica Fluminense*, Rio de Janeiro, n. 11, 1836, p. 4.
159 *Revista Médica Fluminense*, Rio de Janeiro, n. 6, 1840, p. 247.

das emanações dos cemitérios. [...] Convém igualmente que não haja em sua proximidade edifícios elevados, nem, tão pouco, poços ou fontes.[160]

Dentro destes cemitérios, até as covas deveriam atender a determinadas regulamentações:

> [...] indispensável também que as covas não tenham nem muita nem pouca profundidade, porque [...] sendo então quase impossível o contato com o ar com os cadáveres, em razão da grande profundidade das covas, segue-se que a fermentação pútrida e, subsequentemente, a decomposição deve ser muito demorada. No segundo caso, pelo contrário, sendo as covas muito superficiais, os miasmas pútridos atravessam facilmente as camadas de terra e infectam a atmosfera.[161]

Os hospitais também foram alvo de atenção dos médicos do Rio de Janeiro, já que eram considerados focos de doenças e fontes de exalações que infectam "não só os mesmos estabelecimentos, mas toda a cidade e a povoação no meio da qual tais estabelecimentos existem".[162] Desse modo, assim como os cemitérios, os hospitais deveriam ser retirados do centro da urbe para que se minimizassem os efeitos de contágio das moléstias.[163]

Tanto o hospital militar quanto o hospital da Misericórdia foram pessimamente qualificados pelos médicos. O primeiro precisaria "de um grande conserto, por se achar velho e

---

160 *Ibidem*, p. 248.
161 *Ibidem*, p. 249.
162 *Semanário de Saúde Pública*, Rio de Janeiro, n. 12, 1831, p. 63.
163 MACHADO, Roberto *et al. Danação da norma*, p. 283.

arruinado: o vigamento dos telhados está podre e chove em muitas partes".[164] Mas esta não era a medida ideal a ser tomada: o hospital deveria ser transferido de local. Assim, a Sociedade indica que "se o governo pudesse obter o convento da Ajuda, por compra, por troca, ou por qualquer maneira e sacrifício, ali poder-se-ia formar um hospital".[165] Já o hospital da Misericórdia era tido como insuficiente para as demandas da capital do Império, uma vez que "não estando em harmonia com os princípios médicos nem com a grandeza e necessidade de uma capital tão populosa, não pode satisfazer cabalmente os fins de sua instituição".[166]

Desde o início dos trabalhos da Sociedade, os loucos também entraram para a órbita da medicina proposta por esta instituição, inclusive com o pedido às autoridades de criação de um hospício, pedido que somente seria atendido em 1841, quando foi criado o Hospício de Pedro II.[167] O desejo de um local apropriado aos alienados decorreu do fato de estes serem internados na Misericórdia, local que não era tido como adequado para seu acompanhamento por não possibilitar um tratamento específico para este tipo de doença.[168] Nesse sentido, os médicos apontaram uma série de benefícios resultantes da construção de um hospital dedicado aos alienados:

> [...] no interesse das famílias e para a tranquilidade doméstica, uma casa especial consagrada à recepção e tratamento dos doidos faria importantes serviços. No interesse da

---

164 *Semanário de Saúde Pública*, Rio de Janeiro, n. 9, 1831, p. 47.
165 *Ibidem*, p. 47.
166 *Revista Médica Fluminense*, Rio de Janeiro, n. 3, 1840, p. 142.
167 RIBEIRO, Lourival. *O barão de Lavradio e a higiene do Rio de Janeiro*, p. 190.
168 FRANÇA. Jean Marcel Carvalho. *A higienização do povo*, p. 90-92.

> moral pública, a reclusão dos maníacos obstaria por uma vez as cenas ridículas de certos loucos e as indecentes caricaturas que a litografia reproduz em milhares de exemplares. No interesse da humanidade, se garantiria com mais probabilidade de sucesso e certeza a existência de uns e a cura de outros. Enfim, no interesse da ciência, fora um campo de uteis observações que pelo tempo em diante seriam proveitosas aos doentes, porque quanto melhor estudadas as moléstias mais conhecidas ficam, e, por conseguinte, com mais habilidades são tratadas.[169]

De maneira geral, todos os problemas encontrados e todas as medidas propostas analisadas até aqui integraram o grande objetivo da medicina: preservar a saúde da população, o que significava evitar o aparecimento de doenças físicas e morais e erradicar aquelas que, eventualmente, ultrapassassem a barreira da prevenção. Para isso, além das ações destinadas a evitar ou controlar as doenças originadas no próprio território, a Sociedade estabeleceu, ao mesmo tempo, normas para impedir a importação de moléstias vindas de outras partes do mundo, principalmente com a fiscalização dos navios que chegavam ao porto da cidade, exigindo "não só a interrupção da comunicação [que] durante as quarentenas será necessária, como também um afastamento das embarcações para que suas emanações sejam dispersadas e tornadas inócuas pelo ar interposto e pelos ventos antes de chegarem aos povoados".[170]

---

169 *Diário de Saúde ou Efemérides das Ciências Médicas e Naturais do Brasil*, Rio de Janeiro, n. 1, 1835, p. 8.
170 *Semanário de Saúde Pública*, Rio de Janeiro, n. 38, 1831, p. 192.

Além das normas sanitárias referentes à salubridade da cidade, que também intencionavam a transformação no comportamento dos habitantes, os médicos ofereceram aos moradores conselhos relativos aos comportamentos e à higiene privada e pessoal, conselhos que ajudariam, inclusive, a conter a disseminação de epidemias pelo Rio de Janeiro. Assim, como meio de vencer a epidemia de febre amarela que teve início em fins de 1849, os físicos alertavam os fluminenses para que seguissem "algumas medidas de precaução"[171] que julgavam necessárias:

> [...] que evite todos os excessos, especialmente os praticados com a ingestão de comidas grosseiras, muito apimentadas e bebidas alcoólicas e excitantes; que deixe os Le-roys, pílulas de Allan e outros purgantes enérgicos; que faça uso repetido de banhos e bebidas ácidas e refrigerantes; que mude de roupas o mais frequentemente que puder; que faça passeios brandos e em lugar arejado, e horas em que não haja sol ardente; que não promova o cansaço nem penosas fadigas com suas distrações de longos passeios a pé ao Jardim Botânico, Ponta do Caju, etc.; que, finalmente, seja sóbrio em tudo, usando ao mesmo tempo de alimentação pouco temperada, simples e de fácil digestão.[172]

Os médicos ainda complementavam:

> [...] dever-se-á dormir quanto baste para reparar as forças, não se trocando a noite pelo dia, e evitar todas as ocorrências que possam excitar paixões violentas, como a cólera, a

---

171 *Anais Brasilienses de Medicina*, Rio de Janeiro, n. 4, 1850, p. 91.
172 *Ibidem*, p. 91-92.

tristeza, etc.; [...] aquelas pessoas que estiverem habituadas ao uso do vinho, poderão bebê-lo com moderação, quer puro, quer com água, uma vez que sejam de muito boa qualidade e não alterado ou falsificado. [...] A calma do espírito, a coragem, a confiança, são as disposições morais mais eficazes para impedir o ataque da febre epidêmica, bem como a temperança e a regularidade em todos os hábitos da vida são as condições físicas mais favoráveis para evitá-la e atenuá-la.[173]

Em suma, tanto o projeto de civilização da Intendência de Polícia quanto o projeto civilizatório da Sociedade de Medicina, que, como visto, se complementaram em muitos aspectos, preocuparam-se em dotar o Rio de Janeiro de aspectos europeus, visando a transformá-lo em uma "Paris dos trópicos", como diziam alguns homens do século XIX.[174] Estas transformações, apesar de todas as dificuldades encontradas para sua realização, já seriam bastante visíveis, segundo seus promotores, àqueles que observassem o Rio de Janeiro da primeira metade do Oitocentos:

> [...] certamente nós hoje vemos que as nossas casas, *coeteris paribus*, são melhor construídas com relação aos preceitos de higiene pública; que muitos pântanos têm desaparecido, já pela cultura, já pela construção de casas, tanto em virtude do aumento da população do país, como da afluência de estrangeiros que ao Brasil conduzem nossas

---

173 *Anais Brasilienses de Medicina*, Rio de Janeiro, n. 4, 1850, p. 94-95.

174 FRANÇA, Jean Marcel Carvalho. *Literatura e sociedade no Rio de Janeiro oitocentista*. Lisboa: Imprensa Nacional/Casa da Moeda, 1999, p. 10.

relações com as outras nações; que muitas ruas que constituíam focos de emanações mais ou menos prejudiciais à saúde, ou por conterem águas encharcadas em razão de muito baixas, ou por servirem de depósito de imundices, acham-se hoje calçadas e constituem ruas muito belas.[175]

Desse modo, o caminho trilhado pela cidade do Rio de Janeiro não poderia ser outro além de uma marcha constante e reta rumo à civilização:

> [...] embora se diga que ainda não chegamos a esse grau de civilização que possuem outros povos, cuja existência se perde na noite dos tempos! Se procurarmos comparar a nossa infante existência de três séculos com a sua de milhares de séculos, seremos exagerados em dizer que a nossa está à par de sua civilização? Não, senhores, não somos exagerados: lancemos os olhos sobre a superfície do globo, vejamos os diferentes povos que o habitam, analisemos o seu estado de civilização e comparemo-lo com o nosso; e então conheceremos que não só igualamos, como mesmo excedemos em muito a sua civilização. É tempo pois, senhores, de fazer representar as nossas ideias e a nossa instrução; é tempo de mostrar que a civilização da Europa penetrou no nosso país, que se naturalizou nele, e que prospera melhor que no país natal.[176]

Entretanto, esta imagem de uma cidade que, durante a primeira metade do Oitocentos, caminhava em direção a se

---

175 *Revista Médica Fluminense*, Rio de Janeiro, n. 4, 1840, p. 148-149.
176 *Revista Médica Fluminense*, Rio de Janeiro, n. 7, 1835, p. 28-29.

tornar a "Europa possível para o Império tropical",[177] não foi a mesma construída por todos aqueles que conheceram o Rio de Janeiro durante este período; é este o caso dos viajantes estrangeiros. Assim, o próximo capítulo terá como objetivo principal analisar as narrativas de viagem compostas por estes europeus e norte-americanos, com a finalidade de mapear uma perspectiva contrastante com a dos médicos e dos agentes de polícia acerca do grau de civilização do Rio de Janeiro e de seus habitantes, a saber: a visão de uma urbe insalubre, violenta e marcada por traços de barbárie, ainda muito atrelada aos antigos hábitos, comportamentos e condutas característicos dos tempos coloniais.

---

177 SANTOS, Afonso Carlos Marques dos. "Da colonização à Europa possível, as dimensões da contradição". In: *Uma cidade em questão I*, p. 30.

3. O OLHAR DOS VIAJANTES ESTRANGEIROS

"Nos belos anos, nos quais juventude, amor e esperança produzem em nosso redor verdadeiro jardim de magias, cheguei à América e, na plenitude do meu anseio de conhecimentos, vaguei pelo continente esplendoroso".

"[...] o viajante na Europa defronta-se com um mundo diferente deste".

"Uma Igreja de Santa Sofia e mesmo de São Pedro encontrei em toda parte parecidas: mas outras coisas, tais como criações de Watt e Perkins, as pontes de Londres, a iluminação pública e todos aqueles frutos gigantescos da civilização, esses fazem falta de fato!"

"E, assim, o nosso jovem amigo deixou atrás de si a América, com seus mistérios, os resolvidos e aqueles por resolver, enquanto à sua frente se encontrava o oceano, que pretendia em breve atravessar, realizando a viagem de volta à Pátria. Um sagrado dever faltava cumprir: dar conhecimento ao querido Apolônio de tudo o que fosse capaz de trazer nova luz à parte obscura de uma vida, de resto tão rica em nobreza de alma e amor. Assim agiu, enviando ao seu incomparável amigo, através de emissário seguro, a cópia de seu Diário, enriquecida de muitas observações".

Carl Friedrich Philipp von Martius,
Frei Apolônio: um romance do Brasil

A transferência de Dom João para o Novo Mundo teve grande impacto sobre a vida no Rio de Janeiro. Acompanhado de sua corte, o monarca desembarcou na capital brasileira em 8 de março de 1808, consolidando-a como a mais importante urbe do Brasil oitocentista. Importância esta que foi adquirida, antes de qualquer coisa, pelo fato de o Rio de Janeiro ter sido promovido a capital e sede de todo o Império português.

Com a abertura dos portos, decretada pelo príncipe lusitano nos primeiros dias após sua chegada aos trópicos, ampliou--se consideravelmente a circulação e a permanência de estrangeiros no Brasil, o que aumentou ainda mais a divulgação de imagens do território brasileiro no continente europeu devido à crescente quantidade de relatos de viagem sobre o país publicados por lá. Isso porque os viajantes estrangeiros promoveram um novo "descobrimento"[1] do Brasil, uma vez que, até 1808, Portugal restringia a entrada e a permanência

---

1 HOLANDA, Sérgio Buarque de. "A herança colonial – sua desagregação". In: _____. (dir.). *História geral da civilização brasileira*: o Brasil monárquico. São Paulo: Difusão Européia do Livro, tomo II, v. 1, 1965, p. 12-13.

de estrangeiros em seus domínios coloniais, utilizando a denominada "política de sigilo"[2] como forma de proteger suas possessões, o que acarretou certo isolamento do país em relação ao restante do mundo. Entretanto, apesar da "política de sigilo" metropolitana ser considerada por Portugal uma das principais estratégias de conservação do seu território ultramarino, foram constantes, durante os três primeiros séculos de colonização, as arribadas de embarcações estrangeiras nos portos das principais cidades litorâneas brasileiras.[3] De fato, como afirma Luciana de Lima Martins, "numa época em que a navegação a vela era o único meio de transporte para viagens além-mar, a escala no Rio de Janeiro fazia-se quase que obrigatória".[4] De passagem pelos portos sul-americanos, os estrangeiros que desembarcaram no Brasil observaram o país e registraram-no em seus diários, correspondências e livros de viagem. Com a publicação destas descrições sobre suas experiências e impressões nos trópicos, os visitantes apresentaram no continente europeu imagens do que supostamente seria a América portuguesa, seus habitantes e costumes, dando forma a um território até então bem desconhecido do Velho Mundo.

Antes da vinda de Dom João, as descrições do Brasil construídas nas narrativas de viagem eram geralmente breves, acerca de uma ou duas cidades, tendo em vista que a

---

2   CARELLI, Mario. *Culturas cruzadas*: intercâmbios culturais ente França e Brasil. Campinas: Papirus, 1994, p. 31.

3   BICALHO, Maria Fernanda. *A cidade e o Império*: o Rio de Janeiro no século XVIII. Rio de Janeiro: Civilização Brasileira, 2003, p. 112.

4   MARTINS, Luciana de Lima. *O Rio de Janeiro dos viajantes*: o olhar britânico (1800-1850). Rio de Janeiro: Zahar, 2001, p. 14.

Uma Paris dos trópicos? 161

circulação e a permanência estrangeiras por aqui eram restritas.[5] De acordo com Jean Marcel Carvalho França, que analisa as descrições do Rio de Janeiro, Salvador e Recife compostas pelos viajantes entre os séculos XVI e XVIII, os relatos destes aventureiros sobre o Brasil colonial "curiosamente não variam muito, e isso num duplo sentido: não variam quando comparamos as descrições das 3 cidades e não variam quando colocamos lado a lado descrições de uma mesma cidade produzidas em diferentes épocas".[6] De modo geral, nas relações de viagem, as imagens construídas destas três importantes cidades brasileiras apresentam-nas:

> [...] com muitas fortalezas, com bons portos, com um comércio razoável, com ruas retas, mas sem calçamento - ou mal calçadas - e sujas, com uns poucos e modestos prédios públicos, com muitas e adornadas igrejas, com um casario pequeno e pouco vistoso de 2 ou 3 andares, com um número prodigioso de conventos e, sobretudo, com arredores pitorescos e férteis.[7]

Além disso, os contornos desta narrativa sobre o Brasil construída até 1808 delimitam a colônia portuguesa como um território de extremos. Ainda nas palavras de Jean Marcel Carvalho França:

5 FRANÇA, Jean Marcel Carvalho. "Onze perspectivas ligeiras do Rio de Janeiro". In: _____. *Viajantes estrangeiros no Rio de Janeiro joanino*: antologia de textos (1809-1818). Rio de Janeiro: José Olympio, 2013, p. 7-8.

6 *Idem. A construção do Brasil na literatura de viagem nos séculos XVI, XVII e XVIII*. Rio de Janeiro: José Olympio; São Paulo: Editora Unesp, 2012, p. 242.

7 FRANÇA, Jean Marcel Carvalho. *A construção do Brasil na literatura de viagem nos séculos XVI, XVII e XVIII*, p. 242.

[...] de um lado, alinha-se uma natureza exuberante e permanentemente verde, um clima quente mas menos exigente do que o europeu, uma enorme fartura de água e, sobretudo, uma terra extremamente fértil e rica. [...] Do outro lado, porém, alinha-se a grande mácula deste Brasil construído pelos visitantes estrangeiros, o colono. O raciocínio é simples: a terra, em se plantando, tudo dá, no entanto, a qualidade do colono é tal, que ela não rende nem a pálida sombra do que renderia – e progrediria – se estivesse nas mãos de um povo ordeiro e trabalhador. As razões para um aproveitamento tão medíocre de tamanho tesouro, já o vimos, são várias. Aos olhos dos visitantes europeus, os colonos eram preguiçosos, ignorantes, carolas, ciumentos, desonestos e, sobretudo, excessivamente vaidosos e libidinosos. Isso quanto aos brancos, ou melhor, quanto àqueles que se passavam por brancos, pois havia ainda um toque a mais de barbárie no cotidiano da colônia: o enorme contingente de negros escravos, vindos da incivilizada África, que perambulavam pelas ruas das cidades brasileiras – cidades medíocres, com pouquíssimos atrativos, vale recordar.[8]

No entanto, após o desembarque da corte, aquele padrão de brevidade das narrativas altera-se durante o século XIX, em decorrência da maior liberdade que os viajantes passaram a ter após a abertura dos portos: com a suspensão das leis que proibiam a presença estrangeira, os europeus puderam desembarcar sem grandes problemas, permanecendo por um tempo maior em terras tropicais. Isso porque, como

---

8   Ibidem, p. 283-284.

assinala Karen Macknow Lisboa, "com a chegada da corte portuguesa ao Brasil, em 1808, não só os portos se abriram para as 'nações amigas', mas também as portas para a entrada de estrangeiros".[9] Podendo ficar mais tempo no Brasil, os estrangeiros puderam descrevê-lo mais detalhadamente, passando a compor relatos mais longos sobre suas impressões no Novo Mundo; como afirma Sérgio Buarque de Holanda:

> [...] a curiosidade tão longamente sofreada pode agora expandir-se sem estorvo e, não poucas vezes, com o solícito amparo das autoridades. Nesses poucos anos foi como se o Brasil tivesse amanhecido de novo aos olhos dos forasteiros, cheio da graça milagrosa e das soberbas promessas com que se exibia aos seus mais antigos visitantes.[10]

A presença de estrangeiros no país foi facilitada por uma das primeiras medidas tomadas por Dom João após o desembarque: além da abertura dos portos, o monarca incentivou a entrada de estrangeiros no Brasil ao conceder-lhes, quando se estabelecessem na colônia, o direito a datas de terras, assim como era concedido aos súditos portugueses.[11] Para além de tais incentivos, o que se verifica é que foram diversos os motivos que trouxeram os visitantes para os trópicos: alguns vieram por curiosidade, outros a negócio; há os que aqui permaneceram por períodos mais ou menos

---

9   LISBOA, Karen Macknow. *A nova Atlântida de Spix e Martius*: natureza e civilização na Viagem pelo Brasil (1817-1820). São Paulo: Hucitec, 1997, p. 29.

10 HOLANDA, Sérgio Buarque de. "A herança colonial – sua desagregação". In: _____. (dir.). *História geral da civilização brasileira*, tomo II, v. 1, 1965, p. 12-13.

11 LIMA, Oliveira. *D. João VI no Brasil*. Rio de Janeiro: Topbooks, 1996, p. 85.

longos, como cientistas, piratas, aventureiros, artistas, missionários, políticos, diplomatas, militares, mercenários, naturalistas, comerciantes, e aqueles que apenas passaram pelo Brasil a caminho do Oriente ou da África, publicando, depois, em suas terras de origem, o que encontraram de notável ou de exótico.[12] Refletindo sobre as obras desses estrangeiros que visitaram o Brasil na primeira metade do século XIX, Luciana de Lima Martins aponta que quem transforma a cena presenciada em *paisagem* – entendida como objeto passível de descrição – é o próprio observador, que seleciona, ilumina e sombreia os elementos que a compõem, conferindo-lhe sentido. Em vista disso, a autora afirma que o ato de atribuir sentido ao descrever, tanto na forma de palavras como pela iconografia, "pode ser, ele próprio, entendido como um processo de transculturação, e não, meramente, como uma tradução de experiências de campo".[13] Neste sentido, a percepção do *desconhecido*, da *alteridade*, do *outro* pressupõe a existência do *conhecido*, do *próprio*, do *eu* como ponto de referência. Segundo Karen Macknow Lisboa:

> [...] o relato do viajante, apesar de estruturar-se em torno da observação de uma cultura declarada estrangeira, acaba por oferecer amplas evidências da cultura de origem. [...] Portanto, ao mesmo tempo em que o viajante fala do lugar visitado, reelabora o seu próprio lugar de origem, permanecendo em constante diálogo com as suas referências, que podem ser revistas, negadas ou

---

12 MINDLIN, José. "Viajantes no Brasil: viagem em torno de meus livros". In: *Revista de Estudos Históricos*, Rio de Janeiro, v. 4, n. 7, 1991, p. 35.

13 MARTINS, Luciana de Lima. *O Rio de Janeiro dos viajantes*, p. 23.

reiteradas. A narrativa sobre o "outro" também é, afinal, a narrativa sobre "si mesmo".[14]

Malgrado as experiências vivenciadas em suas terras de origem, experiências que guiavam o olhar dos estrangeiros ao atribuir sentidos ao Novo Mundo, os viajantes se viam como observadores atentos da realidade local, aqueles que deveriam exercitar a arte de pensá-la, desprendendo-se de seu mundo imaginário e dirigindo sua atenção ao mundo do outro que ali encontravam. No entanto, faziam isso a partir de um planejamento, de objetivos e de etapas, que deveriam ser sistematizados em uma memória final.[15] De acordo com Flora Süssekind, "nesses relatos, o olhar que habitualmente se deseja imparcial, desapaixonado, à espera do que vier, [...] se converte, desde o início das expedições, em observação interessada, com itinerário, objetivos e modos de ver sabidos de cor".[16]

O fato é que os visitantes, na qualidade de estrangeiros, como não faziam parte do grupo social visitado, poderiam ter maiores condições de visualizar as contradições e incoerências da vida quotidiana do que um habitante local, que as tomava por naturais e, por isso mesmo, tinha mais dificuldades em percebê-las. Como aponta a pesquisadora Miriam Lifchitz Moreira Leite, "por ser alguém que é 'de fora' e está ali 'de passagem', sem intenção de ser aceito pelo grupo e com o objetivo de relatar a seus conterrâneos o que conseguiu

---

14 LISBOA, Karen Macknow. *A nova Atlântida de Spix e Martius*, p. 47.
15 LEITE, Miriam Lifchitz Moreira. *Livros de viagem* (1803-1900). Rio de Janeiro: UFRJ, 1997, p. 17.
16 SÜSSEKIND, Flora. *O Brasil não é longe daqui*: o narrador a viagem. São Paulo: Companhia das Letras, 1990, p. 114.

perceber, o viajante torna-se um observador alerta e privilegiado do grupo visitado".[17]

Entre os livros de viagem, alguns são correspondências enviadas à família ou aos amigos; outros são diários de viagem, sem que houvesse a intenção de uma posterior publicação ou que se tornariam base para a narrativa que seria escrita sobre a viagem; encontram-se, também, memórias, guias comerciais e turísticos, relatórios científicos e álbuns de desenhos e gravuras. Pode-se dizer, certamente, que esta literatura de viagem dialogava com o público leitor do Velho Mundo.[18] No entanto, os relatos também ganharam leitores, principalmente durante o século XIX, entre os próprios brasileiros. Circulando na imprensa e entre os homens letrados, que tinham as narrativas em alta estima, os livros de viagem funcionaram – primeiramente em relação à Europa, mas depois em relação ao Brasil – como um veículo educativo e de difusão cultural.[19]

Os viajantes, como já dito, impulsionados pela suspensão das leis que coibiam sua presença, passaram a desembarcar mais facilmente e permanecer por um tempo mais longo em terras brasileiras, descrevendo mais minuciosamente o Rio de Janeiro.[20] Assim, com o aumento do número de visitantes e do tempo de suas estadas no Novo Mundo, inicia-se um período de publicações de obras com extensas descrições do país, muito mais ricas em detalhes. Na verdade, tal mudança no formato das relações de viagem, de mais breves

---

17   LEITE, Miriam Lifchitz Moreira. *Livros de viagem*, p. 10.
18   Cf. FRANÇA, Jean Marcel Carvalho. *A construção do Brasil na literatura de viagem nos séculos XVI, XVII e XVIII*.
19   LEITE, Miriam Lifchitz Moreira. *Livros de viagem*, p. 21-22.
20   FRANÇA, Jean Marcel Carvalho. "Onze perspectivas ligeiras do Rio de Janeiro". In: _____. *Viajantes estrangeiros no Rio de Janeiro joanino*, p. 8-9.

para mais longas, deve ser percebida muito mais como um processo de convívio entre ambos os tipos do que como uma ruptura imediata entre o padrão dos relatos do período colonial e as descrições mais vastas:[21] ao lado destes modelos mais longos e detalhados de narrativas que ganharam espaço no Oitocentos, conviveram ainda narrativas mais curtas, fruto de rápidas passagens pelo Brasil e que, quase sempre, mantiveram as mesmas tópicas dos relatos publicados antes da transferência de Dom João, a saber: a exuberância da paisagem natural, a deficiência dos contornos urbanos e a má qualidade dos colonos. Todavia, malgrado essas diferenças formais, todos os viajantes preocupam-se em descrever o Brasil, observando a fauna, a flora e a vida social, tanto rural como urbana, refletindo, por comparação com suas terras de origem, sobre o cotidiano do grupo visitado.[22]

Se durante os três primeiros séculos de colonização a temática comum das narrativas sobre o Rio de Janeiro foi, de um lado, a prodigalidade do cenário natural, prodigalidade que contrastava, por outro lado, com a precariedade da paisagem urbana e a decadência do colono, o século XIX inaugurou um novo padrão descritivo construído nos livros de viagem, que passou a exaltar a europeização da cidade a partir do momento em que ela passou a abrigar o príncipe Dom João e sua corte. Estas relações de viagem foram elaboradas por visitantes "apologistas"[23], que, quase sempre, também foram aqueles que permaneceram por mais tempo no Brasil

---

21 FRANÇA, Jean Marcel Carvalho. "Onze perspectivas ligeiras do Rio de Janeiro". In: _____. *Viajantes estrangeiros no Rio de Janeiro joanino*, p. 8-9.
22 LEITE, Miriam Lifchitz Moreira. *Livros de viagem*, p. 15.
23 MINDLIN, José. "Viajantes no Brasil: viagem em torno de meus livros". In: *Revista de Estudos Históricos*, v. 4, n. 7, 1991, p. 48.

e, por isso mesmo, construíram longos e minuciosos relatos sobre os anos em que estiveram sob o sol tropical. Entre eles, destacam-se John Luccock (1808-1818),[24] Maximiliano de Wied-Neuwied (1815-1817),[25] Ferdinand Denis (1816-1821),[26] Auguste de Saint-Hilaire (1816-1822),[27] Jean Baptiste Debret (1816-1831),[28] Johann Baptist von Spix e Carl Friedrich Philipp von Martius (1817-1820),[29] Maria Graham (1821-1823),[30] Johann Moritz Rugendas (1821-1824)[31] e Robert Walsh (1828-1829).[32] Todos descreveram um Brasil, mais especificamente a cidade do Rio de Janeiro, como uma urbe que se europeizava a partir da chegada da corte portuguesa.

O naturalista francês Auguste de Saint-Hilaire, em 1816, escreve: "próximo ao Rio de Janeiro podemo-nos julgar nos

---

24 Cf. LUCCOCK, John. *Notas sobre o Rio de Janeiro e partes meridionais do Brasil.* Belo Horizonte: Itatiaia, 1975.

25 Cf. WIED-NEUWIED, Maximiliano de. *Viagem ao Brasil nos anos de 1815 a 1817.* São Paulo: Companhia Editora Nacional, 1940.

26 Cf. DENIS, Ferdinand. *O Brasil.* Salvador: Livraria Progresso Editora, 1955, 2 v.

27 Cf. SAINT-HILAIRE, Auguste de. *Viagem pelo distrito dos Diamantes e litoral do Brasil.* Belo Horizonte: Itatiaia, 1974. SAINT-HILAIRE, Auguste de. *Viagem pelas províncias do Rio de Janeiro e Minas Gerais.* Belo Horizonte: Itatiaia, 2000.

28 Cf. DEBRET, Jean Baptiste. *Viagem pitoresca e histórica ao Brasil.* São Paulo: Martins, 1972, 3 v.

29 Cf. SPIX, Johann Baptist von; MARTIUS, Carl Friedrich Philipp von. *Viagem pelo Brasil.* São Paulo: Melhoramentos, 1976, 3 v.

30 Cf. GRAHAM, Maria. *Diário de uma viagem ao Brasil.* Belo Horizonte: Itatiaia, 1990.

31 Cf. RUGENDAS, Johann Moritz. *Viagem pitoresca através do Brasil.* São Paulo: Martins, 1976.

32 Cf. WALSH, Robert. *Notices of Brazil in 1828 and 1829.* Londres: Frederick Westley and A. H. Davis, Stationers' Hall Court, v. 1, 1830.

arredores de uma das maiores cidades da Europa".³³ Um ano antes, em 1815, o Príncipe Maximiliano afirmava:

> [...] cerca de vinte mil europeus, vindos de Portugal com o rei, se estabeleceram na cidade, daí naturalmente resultando que os costumes do Brasil se modificaram pelos da Europa. Melhoramentos de todo o gênero foram realizados na capital. Ela muito perdeu de sua originalidade, tornando-se hoje mais parecida com as cidades européias.³⁴

Um pouco mais tarde, os visitantes "apologistas" Johann Baptist von Spix e Carl Friedrich Philipp von Martius constroem, em seus escritos, a imagem de um Rio de Janeiro que se modernizava a partir da chegada da família real:

> [...] quem chega convencido de encontrar esta parte do mundo descoberta só desde três séculos, com a natureza inteiramente rude, violenta e invicta, poder-se-ia julgar, ao menos aqui na capital do Brasil, fora dela; tanto fez a influência da civilização e cultura da velha e educada Europa para remover deste ponto da colônia os característicos da selvageria americana, e dar-lhe cunho de civilização avançada. Língua, costumes, arquitetura e afluxo dos produtos da indústria de todas as partes do mundo dão à praça do Rio de Janeiro aspecto europeu.³⁵

---

33   SAINT-HILAIRE, Auguste de. *Viagem pelas províncias do Rio de Janeiro e Minas Gerais*, p. 37.
34   WIED-NEUWIED, Maximiliano de. *Viagem ao Brasil nos anos de 1815 a 1817*, p. 23.
35   SPIX, Johann Baptist von; MARTIUS, Carl Friedrich Philipp von. *Viagem pelo Brasil*, v. 1, 1976, p. 41-42.

O visitante francês Jean Baptiste Debret, que permaneceu no Brasil por quinze anos, também ressalta um país em que "a presença da Corte provocou grandes melhoramentos".[36] Entretanto, apontar que os viajantes "apologistas" apresentaram um Rio de Janeiro que caminhava rumo à civilização não quer necessariamente dizer que muitos aspectos exóticos e nada parecidos com os padrões de modernização de cidades como Paris e Londres deixaram de ser destacados em suas narrativas sobre a capital do Brasil. Ao contrário, estas referências também são frequentes, como no caso do relato de John Mawe, que viveu no Brasil entre 1807 e 1811. Mawe afirma que, "em conseqüência de sua situação baixa e da imundice das ruas, o Rio de Janeiro não pode ser considerado saudável".[37] Apesar desta visão do atraso do Rio de Janeiro, o aventureiro também acrescenta que algumas melhorias estavam sendo realizadas, destacando que:

> [...] desde a chegada da corte, foram adotadas medidas para efetuar uma reforma completa nos seminários e outras instituições de instrução pública; e que o príncipe regente, na sua solicitude pelo bem estar de seus súditos, zelosamente patrocinou todos os empreendimentos, para neles desenvolver o gosto pelos conhecimentos úteis.[38]

O comerciante inglês John Luccock, durante os anos em que esteve no Brasil, entre 1808 e 1818, registrou que:

---

36 DEBRET, Jean Baptiste. *Viagem pitoresca e histórica ao Brasil*, v. 3, 1972, p. 4.
37 MAWE, John. *Viagens ao interior do Brasil*. Belo Horizonte: Itatiaia, 1978, p. 82.
38 *Ibidem*, p. 86.

[...] não é de estranhar que haja estrangeiros que, movidos pelo testemunho irrecusável de seus sentidos diferentes, considerem o Rio como o mais imundo dos ajuntamentos de seres humanos debaixo do céu. Não é de admirar que eles temam que [...] venha a se tornar um centro de pestilência.[39]

No entanto, o mesmo Luccock também destaca "a sabedoria do governo em mudar-se de Portugal para o Brasil [...]. A transformação, conforme reiteradamente já o dissemos, trouxe um maravilhoso efeito sobre o Brasil".[40]

Do mesmo modo que é possível identificar os visitantes "apologistas" como aqueles que, normalmente, permaneceram por longo tempo no Brasil e escreveram livros de viagem mais extensos sobre o Rio de Janeiro, também é possível detectar certo padrão descritivo naquelas narrativas mais breves sobre a cidade fluminense: na maioria das vezes, realçam uma urbe de aspectos predominantemente exóticos, atrasados e acanhados. Assim, durante o Oitocentos, duas perspectivas sobre o Rio de Janeiro foram construídas por dois tipos de viajantes que aqui conviveram: os "apologistas" e os "críticos".[41] Contudo, os viajantes "apologistas" visitaram o Brasil, na primeira metade do Oitocentos, em menor número que os "críticos" e, consequentemente, legaram uma quantidade menor de narrativas de viagem. Mesmo assim, os visitantes "apologistas", como aqueles mencionados anteriormente, são os autores dos relatos mais citados pela historiografia que estuda

---

39 LUCCOCK, John. *Notas sobre o Rio de Janeiro e partes meridionais do Brasil*, p. 90.
40 *Ibidem*, p. 381-382.
41 MINDLIN, José. "Viajantes no Brasil: viagem em torno de meus livros". In: *Revista de Estudos Históricos*, v. 4, n. 7, 1991, p. 48.

o período, além de possuírem a maior quantidade de traduções e edições de suas obras em língua portuguesa. Mas mesmo entre estes dois modelos descritivos de narrativas, cujas características da cidade conflitam entre si, uma imagem mantém-se inabalada desde a publicação do primeiro relato de viagem após a passagem de Cabral: a beleza do cenário natural dos trópicos. Pela pena de todo e qualquer estrangeiro que se dedicou a escrever sobre o Brasil, a paisagem natural brasileira é o primeiro objeto de instigação, sendo apresentada como encantadora, magnífica e majestosa, composta por uma vegetação exuberante, selvagem e maravilhosa. É o que afirma o visitante inglês John Luccock em 1808, ocasião em que direcionava seu olhar pela primeira vez para a baía de Guanabara:

> [...] a medida em que o Pão de Açúcar se afasta para o norte do navio, a garganta se abre, e através dela se divisa a calma imensidão daquilo que, em geral, é considerado como a baía mais bela do mundo. [...] Mas é em vão que se tenta descrever; não pode a pena imitar o lápis, nem o lápis a natureza, em cenários tais como esse. Acham, contudo, os juízes competentes, que eles formam um panorama de magnificência e beleza quase sem par.[42]

As belezas do mundo natural seriam tamanhas que descrevê-las não era considerado tarefa muito fácil. O médico Clarke Abel, que esteve no Rio de Janeiro em 1816, também relata, tal como Luccock, a impossibilidade do lápis de imitar a natureza: "mesmo o pincel de um apaixonado e talentoso

---

42   LUCCOCK, John. *Notas sobre o Rio de Janeiro e partes meridionais do Brasil*, p. 24-25.

pintor não conseguiria transmitir àqueles que nunca viram com os próprios olhos a grandeza do lugar".[43] O naturalista francês Auguste de Saint-Hilaire descreve, com o mesmo prazer e admiração, sua entrada no porto, em 17 de março de 1818, quando retornava de uma estada em Minas Gerais:

> [...] após uma viagem de 15 meses, tive enfim a felicidade de rever o Rio de Janeiro; essa cidade, cuja posição será sempre para o estrangeiro objeto da mais viva admiração, e cujo porto, para me valer das expressões de Southey, é um dos mais vastos, dos mais cômodos e dos mais belos do mundo.[44]

Em 1837, Daniel Parish Kidder reitera a grandiosidade da natureza, apontando a generosidade do Criador com o solo brasileiro, outro tema constante nas narrativas sobre o Brasil:

> [...] a primeira vez que se entra num porto como o do Rio de Janeiro, marca, sem dúvida, uma nova época em nossa existência; pois, é preciso que se seja muito pouco apreciador da natureza para que daí por diante não se passe a render homenagem à beleza e à diversidade da Criação, bem como às mais altas manifestações do poder e da grandeza do Criador.[45]

---

43 FRANÇA, Jean Marcel Carvalho. *Viajantes estrangeiros no Rio de Janeiro joanino*, p. 104-105.
44 SAINT-HILAIRE, Auguste de. *Viagem pelo distrito dos Diamantes e litoral do Brasil*, p. 125.
45 KIDDER, Daniel Parish. *Reminiscências de viagens e permanências no Brasil*, compreendendo notícias históricas e geográficas do Império e das diversas províncias. São Paulo: Martins, v. 2, 1972, p. 3.

A admiração e o encantamento pela natureza refletem a novidade da paisagem aos olhos dos aventureiros, uma vez que as belezas tropicais são descritas como jamais vistas e incomparáveis à paisagem europeia.[46] Do mesmo modo, a expectativa pelo encontro com as terras sul-americanas perpassa todo o imaginário dos viajantes, que projetam no desconhecido território tropical imagens de um mundo exótico. Clarke Abel, a propósito, assinala: "encontrávamo-nos em frente ao cabo Frio, e todos aqueles que nunca tinham estado em um porto da América do Sul se puseram a imaginar o que iriam encontrar no Novo Mundo".[47] Abel ainda conclui dizendo que "ao adentrar no porto do Rio de Janeiro, ele experimenta um inenarrável prazer, pois observa que não há nenhuma possibilidade de suas expectativas serem contrariadas".[48]

Entretanto, não é somente em comparação com a Europa que as paisagens brasileiras seriam mais belas e admiráveis. É o que relata o naturalista escocês George Gardner, que viveu no Brasil entre 1836 e 1841:

> [...] impossível exprimir os sentimentos que dominam o observador enquanto os seus olhos contemplam o cenário belamente variado que se apresenta à entrada do porto, cenário talvez sem rival na face da terra, e em que a natureza parece ter esgotado todas as suas energias. Tenho visitado desde então muitos lugares famosos pela beleza e

---

46   LUCCOCK, John. *Notas sobre o Rio de Janeiro e partes meridionais do Brasil*, p. 177.

47   FRANÇA, Jean Marcel Carvalho. *Viajantes estrangeiros no Rio de Janeiro joanino*, p. 104.

48   *Ibidem*, p. 106.

magnificência, mas nenhum deles me deixou na mente igual impressão.⁴⁹

Após desembarcar no porto fluminense, em 1821, Maria Graham também se encanta com o mundo natural e reitera sua singularidade em relação a tudo o que já havia visto:

> [...] nada do que vi até agora é comparável em beleza à baía. Nápoles, o Firth of Forth, o porto de Bombaim e Trincomalee, cada um dos quais julgava perfeito em seu gênero de beleza, todos lhe devem render preito porque esta baía excede cada uma das outras em seus vários aspectos. Altas montanhas, rochedos como colunas superpostas, florestas luxuriantes, ilhas de florestas brilhantes, margens de verdura, tudo misturado com construções brancas, cada pequena eminência coroada com sua igreja ou fortaleza, navios ancorados, ou em movimento, e inúmeros barcos movimentando-se em um tão delicioso clima, tudo isso se reúne para tornar o Rio de Janeiro a cena mais encantadora que a imaginação pode conceber.⁵⁰

O Príncipe Adalberto da Prússia complementa, em 1842, o que Graham afirmara alguns anos antes acerca da incomparável magnificência da baía:

> [...] nem mesmo Constantinopla me extasiou como a primeira impressão do Rio de Janeiro! Nem Nápoles, nem Istambul nem qualquer

---

49 GARDNER, George. *Viagem ao interior do Brasil*, principalmente nas províncias do Norte e nos distritos do ouro e do diamante durante os anos de 1836-1841. Belo Horizonte: Itatiaia, 1975, p. 20.

50 GRAHAM, Maria. *Diário de uma viagem ao Brasil*, p. 194-195.

outro lugar da Terra que conheço, nem mesmo o Alhambra, podem medir-se em mágico e fantástico encanto com a entrada da baía do Rio de Janeiro! Desvendam-se sob nossos olhos maravilhas, que não imaginávamos que houvesse sobre a Terra. Agora era-nos claro por que outrora os descobridores destas terras lhes deram o nome de "Novo Mundo!"[51]

A beleza natural do Rio de Janeiro, imagem pela qual os aventureiros europeus e norte-americanos demonstraram-se plenamente apaixonados, "é representada por todos os viajantes como sendo extremamente pitoresca".[52] Afinal, como narra Otto von Kotzebue, em 1823, "bonito como sempre este país parece ao olhar de um europeu, talvez não tenha nenhuma cena tão impressionantemente esplêndida e pitoresca como a que se apresenta dentro desta baía".[53] Ao entrar na baía do Rio de Janeiro, em 16 de outubro de 1812, o cirurgião inglês James Prior também descreve o pitoresco da paisagem natural:

> É somente depois de ultrapassar este ponto que a bela paisagem local se mostra toda ao olhar do visitante: uma enorme extensão de água, salpicada aqui e ali com braços que

---

51 ADALBERTO, Príncipe da Prússia. *Brasil*: Amazônia-Xingu. Brasília: Senado Federal, 2002, p. 19.

52 CONDER, Josiah. *The modern traveller*. A popular description, geographical, historical, and topographical, of the various countries of the globe. Brazil and Buenos Aires. Londres: Printed for James Duncan; Oliver and Boyd, Edinburgh; M. Ogle, Glasgow; and R. M. Tims, Dublin, 1825, vol. 1, p. 100. Tradução nossa.

53 KOTZEBUE, Otto von. *A new voyage round the world*, in the years 1823, 24, 25 and 26. Londres: Henry Colburn and Richard Bentley, New Burlington Street, v. 1, 1830, p. 33. Tradução nossa.

parecem rios, grupos de ilhas verdejantes, montanhas de variadas formas e vales capazes de encantar a imaginação mais exigente, compondo um cenário de belezas variadas e pitorescas.[54]

Tal como Prior e tantos outros visitantes europeus, o Príncipe Maximiliano de Wied-Neuwied também relata o pitoresco da natureza assim que avista a baía fluminense pela primeira vez, em 1815:

> [...] estávamos perto da barra que conduz à real cidade do Rio de Janeiro; uma porção de pequenas ilhas, algumas surpreendendo pelas suas formas estranhas, erguem-se ali da superfície das águas, unindo-se à massa das montanhas ao longe, o que constitui uma perspectiva muito pitoresca.[55]

Como aparece nas descrições de Prior e de Wied-Neuwied, as cadeias montanhosas são frequentemente um dos pontos de maior admiração por parte dos viajantes. O francês Jacques Étienne Victor Arago, que desembarcou no Rio de Janeiro em 6 de dezembro de 1817, destaca que "o Pão de Açúcar, um gigante enorme, forma, com a sua nudez, um contraste admirável com o rico cenário das montanhas vizinhas".[56] A serra dos Órgãos também foi outro local que chamou a atenção dos europeus, como aponta Carl

---

54 FRANÇA, Jean Marcel Carvalho. *Viajantes estrangeiros no Rio de Janeiro joanino*, p. 60-61.

55 WIED-NEUWIED, Maximiliano de. *Viagem ao Brasil nos anos de 1815 a 1817*, p. 19.

56 ARAGO, Jacques Étienne Victor. *Narrative of a voyage round the world*, in the Uranie and Physicienne corvettes, commanded by Captain Freycinet, during the years 1817, 1818, 1819 and 1820; on a scientific expedition undertaken by order of the French

Schlichthorst, que esteve no Brasil entre 1824 e 1826, dizendo que tal serra "ergue-se em formas fantásticas, com ilhas verdejantes a seus pés".[57] Mas como afirma o mesmo Schlichthorst, a beleza da natureza não tinha como finalidade apenas servir para admiração e contemplação por parte daqueles privilegiados que tivessem a oportunidade de observá-la, mas também encantava pelas comodidades que proporcionava aos moradores de São Sebastião:

> [...] penso não existir no mundo outro lugar onde a natureza tão bem se adapte às necessidades duma densa população como aqui. Vasto porto protegido das tempestades por alta moldura de montanhas; a mudança regular dos ventos, que torna a entrada dos navios fácil e sem perigos; rochedos de granito no meio da cidade, formando excelente e inesgotável tesouro de material de construção; abundância de água cristalina, descendo das serras próximas para os vales, pelos quais a cidade serpenteia com seus braços gigantescos; e esses montes cobertos de matas virgens, que asseguram farta provisão de lenha para séculos, tendo de permeio campos tão férteis e com tal força de produção do solo que os produtos comuns das hortas européias podem ser semeados e colhidos seis a oito vezes por ano.[58]

Government. Londres: Treuttel and Wrultz, Treuttel, Jun. and Richter, 30, Soho-Square, 1823, p. 55. Tradução nossa.

57 SCHLICHTHORST, Carl. *O Rio de Janeiro como é*: uma vez e nunca mais. Contribuições de um diário para a história atual, os costumes e especialmente a situação da tropa estrangeira na capital do Brasil. Brasília: Senado Federal, 2000, p. 26.

58 *Ibidem*, p. 27.

No entanto, a natureza também tinha seu lado incômodo: os insetos e animais que constantemente invadiam o espaço citadino. Eis o que diz a respeito o citado alemão Schlichthorst:

> [...] se o dia tropical ofusca a vista, a noite perturba o ouvido com desregrados concertos. De dia, reina na natureza profundo silêncio, tudo descansa, as flores brilham na suntuosidade de suas cores, borboletas coloridas esvoaçam sem o menor rumor no ar azulado, serpentes riscadas de anéis imperceptivelmente rastejam, com a velocidade do raio, entre os altos ervanços. Mal começa o crepúsculo, a natureza se anima, o zumbido e o sussurro dos insetos enche o ar, na água dos pantanais ressoa a antipática voz dos sapos enormes, pássaros noturnos cantam nas árvores, os galos cocoricam, os cães ladram, em cada folha se agita uma vida oculta e até o mar esbraveja mais rouco e mais forte.[59]

De acordo com Ernst Ebel, alemão que desembarcou no Rio de Janeiro em 1824, "o que incomoda de mais o forasteiro é a variedade de insetos que o apoquentam".[60] Já o militar Theodor von Leithold afirma, em 1819, que "devido às nuvens de moscas que se encontram nos Cafés, nenhum estrangeiro pode neles demorar-se. Mais familiarizados com esses insetos, os brasileiros suportam-lhes melhor o incômodo".[61] Partilhando a mesma opinião de seus conter-

---

59 SCHLICHTHORST, Carl. *O Rio de Janeiro como é*, p. 196.
60 EBEL, Ernst. *O Rio de Janeiro e seus arredores em 1824*. São Paulo: Companhia Editora Nacional, 1972, p. 103.
61 LEITHOLD, Theodor von; RANGO, Ludwig von. *O Rio de Janeiro visto por dois prussianos em 1819*. São Paulo: Companhia Editora

râneos acima citados, Carl Friedrich Gustav Seidler alerta para uma "velha praga faraônica da terra, os imortais ratos". Seidler ainda complementa:

> [...] esses bichos medram excelentemente no Brasil e se multiplicam todos os anos medonhamente. Tornaram-se uma espécie de alta caça sagrada, apenas perseguida algumas vezes pelos monges nos seus jardins murados. Miríades de mosquitos e de bichos de pé, estes metendo-se debaixo das unhas dos pés e aí pondo seus ovos, centenas de centopéias e escorpiões, aumentam com suas picadas venenosas a impressão total capaz de levar ao desespero, quiçá à loucura, o estrangeiro no Rio de Janeiro.[62]

A despeito do incômodo que os insetos causavam aos estrangeiros, isso não tirava o brilho que o mundo natural propiciava ao olhar europeu. No entanto, para a maior parte das narrativas de viagem da primeira metade do Oitocentos, compostas pelos citados viajantes "críticos", a perfeição do mundo natural que circundava São Sebastião não se estendia à cidade construída pelos homens. Com exceção daquelas descrições "apologistas" que se referem aos "melhoramentos de todo o gênero [que] foram realizados na capital",[63] o Rio de Janeiro da primeira metade do século XIX foi descrito pelos viajantes como um território de características bastan-

---

Nacional, 1966, p. 21.

62 SEIDLER, Carl. *Dez anos no Brasil*: eleições sob Dom Pedro I, dissolução do Legislativo, que redundou no destino das tropas estrangeiras e das colônias alemãs no Brasil. Brasília: Senado Federal, 2003, p. 63.

63 WIED-NEUWIED, Maximiliano de. *Viagem ao Brasil nos anos de 1815 a 1817*, p. 23.

te similares às do Rio de Janeiro colonial, ou seja, uma urbe de contornos bastante precários, o que fazia com que "para o europeu, a intervenção que o colono estava promovendo na natureza dos trópicos, intervenção modesta e medíocre, interessava menos do que a grandiosa obra que a natureza realizara sozinha".[64] O que quer dizer que, aos olhos dos estrangeiros, a cidade jamais seria comparável às belezas naturais da região; constituía, ao contrário, uma mancha desagradável em meio ao esplendor da paisagem tropical. É o que afirma James Prior durante sua visita ao Rio de Janeiro no ano de 1812, concluindo que "a natureza e os portugueses agiram de maneira oposta: tudo que aquela fez é exuberante e grandioso, enquanto as obras destes são pobres e mesquinhas". Afirma ainda, o mesmo inglês, que o magnífico esboço da paisagem natural não poderia contar com pior acabamento citadino possível, mas que "por sorte, tal é o poder redentor do cenário natural, [...] das incontáveis paisagens românticas, [...] que acabamos por esquecer da negligência e do péssimo gosto para as obras de arte dos portugueses".[65] Tal contraste entre o trabalho da natureza e o do homem foi assunto em diversas relações de viagem, como é o caso dos escritos de John Parish Robertson e William Parish Robertson, que desembarcaram no Rio de Janeiro em outubro de 1808:

> [...] eu não gostei nem do clima nem do povo daquele lugar, e eu logo descobri que toda fertilidade e beleza que a natureza tinha atribuído ao país seria o algo a mais necessário para contrabalancear as muitas

---

64 FRANÇA, Jean Marcel Carvalho. *A construção do Brasil na literatura de viagem nos séculos XVI, XVII e XVIII*, p. 242.

65 FRANÇA, Jean Marcel Carvalho. *Viajantes estrangeiros no Rio de Janeiro joanino*, p. 61.

inconveniências ligadas à inatrativa cidade e a seus insociáveis cidadãos.⁶⁶

Em 1817, Johann Emanuel Pohl também afirma que "o interior da cidade não corresponde à pitoresca impressão que causa o seu panorama. O estilo de construção das casas é uniforme, a pavimentação é má e a iluminação das ruas é pobre".⁶⁷ Além de estabelecer o contraste entre a paisagem natural e a cidade, as impressões citadas logo acima já começam a apresentar os motivos do descontentamento com a urbe. No entanto, antes de detalhar tais razões, vejamos alguns outros depoimentos da mesma espécie que ajudarão a compor o quadro dos problemas apontados pelos viajantes. O primeiro deles, de 1826, saiu da pena do inglês Edmond Temple:

> [...] o magnífico cenário deste nobre porto igualou totalmente tudo o que eu já tinha ouvido falar em seu louvor, e superou em muito qualquer impressão ou paisagem que possa ser representada. Ao desembarcar, no entanto, eu não estava muito surpreso em encontrar uma cidade ultramarina portuguesa mesquinha, suja, com maus hotéis e péssimas acomodações.⁶⁸

---

66 ROBERTSON, John Parish; ROBERTSON, William Parish. *Letters on Paraguay*: comprising an account of a four years' residence in that republic, under the government of the dictator Francia. Londres: John Murray, Albemarle Street, v. 1, 1838, p. 170. Tradução nossa.

67 POHL, Johann Emanuel. *Viagem no interior do Brasil*: empreendida nos anos de 1817 à 1821 e publicada por ordem de sua majestade o imperador da Áustria Francisco Primeiro. Rio de Janeiro: INL, v. 1, 1951, p. 76.

68 TEMPLE, Edmond. *Travels in various parts of Peru*, including a year's residence in Potosi. Londres: Henry Colburn and

Dez anos mais tarde, o escocês George Gardner complementou:

> [...] vista de bordo pela manhã, apresentava a cidade um aspecto imponente por sua posição e pelas numerosas casas e igrejas caiadas de branco; mas, olhadas de perto, desvanecia-se a ilusão. As ruas estreitas e sórdidas, a cantiga de milhares de negros, as emanações dos armazéns de provisões, davam uma impressão que podia ser tudo, menos agradável.[69]

Desse modo, como afirma Josiah Conder,[70] o que fica claro é que "muito mais tem sido feito em relação a esta bela porção do Novo Mundo pela natureza do que pelo homem".[71]

Entre os diversos motivos invocados pelos viajantes para compor a imagem de tão desprestigiada cidade, alguns deles enunciados ainda há pouco, encontra-se o clima tropical do Rio de Janeiro. O capitão de cavalaria Theodor von Leithold, em 1819, é categórico: "o calor é insuportável".[72] Seu sobrinho Ludwig von Rango, que acompanhou Leithold em viagem ao Brasil, afirma, em carta de 15 de dezembro de 1819, que "o calor foi tão forte durante o dia que o passei numa espécie de aturdimento. A noite é um pouco melhor; mas não me foi dado gozar de um dia só que se pudesse dizer fresco.

Richard Bentley, New Burlington Street, v. 2, 1830, p. 502. Tradução nossa.

69   GARDNER, George. *Viagem ao interior do Brasil*, p. 20.
70   Conder publicou seu relato em 1824, a partir da compilação de narrativas de outros viajantes.
71   CONDER, Josiah. *The modern traveller*, v. 1, 1825, p. 102. Tradução nossa.
72   LEITHOLD, Theodor von; RANGO, Ludwig von. *O Rio de Janeiro visto por dois prussianos em 1819*, p. 26.

Vivo a transpirar e não conheço mais a satisfação de respirar uma aragem realmente reconfortante".[73]

Já o tenente John Shillibeer, que passou pela cidade fluminense em março de 1816, destaca que o porto do Rio de Janeiro, se "não fosse o calor opressivo, seria considerado um dos melhores do mundo. Há, é verdade, uma brisa do mar, que começa a soprar por volta do meio-dia, suficiente para esfriar um pouco a atmosfera e tornar o calor mais suportável".[74] Mas mesmo com essa "brisa que refresca o calor da atmosfera",[75] como igualmente se referiu a ela Schlichthorst em 1824, os visitantes que vieram ao Rio de Janeiro constantemente enfatizaram os males causados pela alta nos termômetros. É o que conta Johann Emanuel Pohl, em 1817: "o calor, embora seja abrandado, aqui, pelos aguaceiros e pelos ventos, gera, entretanto, os mais variados estados mórbidos no corpo humano, como, por exemplo, frequentes dores de cabeça, inflamações no cérebro, nos ouvidos e no fígado, e insolação".[76] Reitera a mesma opinião a austríaca Ida Laura Pfeiffer, em 1846, ao enfatizar que achou "o clima e o ar extremamente opressivos".[77]

O clima de São Sebastião não era desagradável ao viajante apenas pelo elevado calor que os trópicos conferem. Outra

---

73 RANGO, Ludwig von; LEITHOLD, Theodor von. *O Rio de Janeiro visto por dois prussianos em 1819*. São Paulo: Companhia Editora Nacional, 1966, p. 137.

74 FRANÇA, Jean Marcel Carvalho. *Viajantes estrangeiros no Rio de Janeiro joanino*, p. 74.

75 SCHLICHTHORST, Carl. *O Rio de Janeiro como é*, p. 27.

76 POHL, Johann Emanuel. *Viagem no interior do Brasil*, v. 1, 1951, p. 81.

77 PFEIFFER, Ida Laura. *A woman's journey round the world*, from Vienna to Brazil, Chili, Tahiti, China, Hindostan, Persia, and Asia Minor. Londres: Printed by Petter, Duff, and Co. Playhouse Yard, Blackfriers, s/d, p. 24. Tradução nossa.

Uma Paris dos trópicos? 185

característica constantemente referenciada pelos visitantes europeus e norte-americanos foi a excessiva umidade encontrada na atmosfera: e era esta combinação da umidade com o calor, somada à localização da cidade, que resultaria em um clima extremamente insalubre; como afirma Josiah Conder:

> [...] o Rio de Janeiro tem a reputação de ser uma das cidades mais insalubres do Brasil. [...] O clima é quente e úmido: as altas e densamente arborizadas montanhas, a estreita entrada da baía e as numerosas ilhas impedem a livre passagem do vento.[78]

O mesmo inglês ainda complementa:

> [...] entre as causas que foram consideradas para tornar o Rio por insalubre, estão a sua baixa localização, que fica pouco acima do nível do mar, e a imundície de suas ruas, enquanto as águas que descem das montanhas por detrás delas cercam-nas com pântanos estagnados. As planícies alagadiças à beira-mar difundem, durante a época da vazante, um fedor insuportável.[79]

Em 1812, outro inglês, James Prior, apresenta um panorama geral das condições da insalubridade da urbe:

> [...] o povo não vê e não pode ser visto: as casas são rodeadas por montanhas, chove impiedosa e copiosamente, o que torna as ruas imundas; o ar tem pouca circulação e os vapores impuros continuamente se acumulam sobre a cidade, na forma de uma nuvem de

---

78 CONDER, Josiah. *The modern traveller*, v. 1, 1825, p. 125-126. Tradução nossa.
79 *Ibidem*, p. 126-127. Tradução nossa.

cor castanha. Há de se adicionar a tudo isso o fato de o solo ser pantanoso e os habitantes frequentemente serem acometidos por febres intermitentes e remitentes.[80]

O mapa da insalubridade do Rio de Janeiro, referenciado pelos viajantes, compõe-se, pois, dos seguintes pontos: calor, umidade, localização imprópria da cidade e acúmulo de águas e imundices em suas ruas e arredores.

O acúmulo de águas estagnadas nas vias fluminenses, a propósito, é um dos pontos que mais preocupavam os viajantes. Walter Colton, que desembarcou no Rio de Janeiro em dezembro de 1845, discorre sobre uma ocasião em que se encontrava na Rua do Ouvidor "quando uma nuvem negra, descendo do pico do Corcovado, lançou-se para fora do lago, localizado em seu seio. A rua foi imediatamente preenchida com uma inundação tão profunda que seria suficiente para flutuar a canoa de uma família".[81]

De acordo com os estrangeiros, as inundações eram decorrentes, entre outras razões, do fato de a cidade estar situada em "um espaço muito irregular".[82] Além da localização, a austríaca Ida Pfeiffer, em 1846, alerta para outro motivo das enxurradas que acometiam a urbe: "uma das coisas mais desagradáveis no Rio de Janeiro é a ausência total de esgotos. Numa chuva pesada, cada rua torna-se um fluxo regular que

---

80 FRANÇA, Jean Marcel Carvalho. *Viajantes estrangeiros no Rio de Janeiro joanino*, p. 62.

81 COLTON, Walter. *Deck and port*; or incidents of a cruise in the United States frigate Congress to California: with sketches of Rio de Janeiro, Valparaiso, Lima, Honolulu, and San Francisco. Londres: Partridge & Oakey, Paternoster Row, 1851, p. 118. Tradução nossa.

82 SCHLICHTHORST, Carl. *O Rio de Janeiro como é*, p. 45.

é impossível passar a pé".⁸³ Tal dificuldade de transitar pelas ruas devido às enchentes é constantemente referenciada pelos aventureiros europeus em suas narrativas, assim como também são mencionadas algumas maneiras de contornar tal empecilho. Eis o que descreve Jacques Arago, em 1817:

> [...] em tempo de chuva, há absolutamente piscinas nos locais públicos; e ao menos que uma pessoa tenha um itnerário através dos caminhos que não estão inundados, duvido que ela seria capaz de livrar-se dos atoleiros que cobrem as outras passagens. Serviçais negros põem-se, em tais ocasiões, nas esquinas das ruas, e pela *moderada* soma de oito ou dez soldos, levam os transeuntes ao outro lado em seus braços, que são tão pretos em sua cor natural como se estivessem cobertos com lama.⁸⁴

Além de tornar-se "necessário ser carregado pelos negros",⁸⁵ como reafirma Ida Pfeiffer em 1846, o norte-americano Thomas Ewbank, de passagem pelo Brasil no mesmo ano da austríaca, aponta outra maneira de se desvencilhar de tamanho aborrecimento:

> [...] logo à tarde, três pancadas de água alagaram as ruas. Homens e rapazes, de guarda-chuvas, cavalgavam em ombros de negros, e, atrás da igreja de Francisco de Paula, um cavalo era empregado para transportar

---

83 PFEIFFER, Ida Laura. *A woman's journey round the world*, p. 19. Tradução nossa.

84 ARAGO, Jacques Étienne Victor. *Narrative of a voyage round the world*, p. 54. Tradução nossa.

85 PFEIFFER, Ida Laura. op. cit, p. 19. Tradução nossa.

transeuntes através da rua; para não molhar as pernas, iam de joelhos sobre a sela.[86]

As inundações a que estavam submetidas as ruas do Rio de Janeiro traziam implicações diretas na insalubridade da cidade. É o que conta William Bingley:[87] "em tempo de chuva, numerosas poças se formaram nas ruas, as quais, em consequência do calor, emitiam as exalações mais pútridas".[88] Além da combinação entre o acúmulo de água nas vias públicas e as altas temperaturas, a grande quantidade de sujeira das ruas era considerada outro gigantesco problema para a saúde da cidade. A concentração de dejetos dava-se em consequência de um velho hábito da população, já anunciado anteriormente, que vinha desde os tempos coloniais: devido à falta de esgotos, as casas possuíam uma tina que era destinada a receber todas as imundices da morada, tinas estas que deveriam ser esvaziadas em pontos específicos das praias. É o que afirma Thomas Ewbank, em 1846:

> [...] aqui não existem esgotos nem sentinas – nem privadas – nem mesmo quando existem, anexos aos edifícios, pátios e jardins espaçosos. O uso de tambores fechados é universal, mesmo nos subúrbios rurais. Transportados nas cabeças dos escravos, são esvaziados

---

86 EWBANK, Thomas. *A vida no Brasil*. Belo Horizonte: Itatiaia, 1976, p. 163.

87 Bingley publicou sua narrativa em 1820, por meio da compilação de outros relatos de viagem.

88 BINGLEY, William. *Travels in South America from modern writers, with remarks and observations; exhibiting a connected view of the geography and present state of that quarter of the globe*. Londres: Printed for John Sharpe, at Haile's Juvenile Library, London Museum, Piccadilly by C. Whittingham, Chiswick, 1820, p. 309. Tradução nossa.

toda noite em certas partes da baía, de tal forma que caminhar pelas ruas depois das dez horas da noite não é seguro nem agradável. Nessa questão o Rio é igual a Lisboa e semelhante ao que já foi Edimburgo.[89]

No entanto, apesar de se esperar que o lixo fosse despejado apenas nos locais determinados, tal prática não era frequentemente respeitada no Rio de Janeiro. No momento em que a chuva caía, os escravos despejavam o conteúdo das tinas nas ruas, deixando que a enxurrada se encarregasse da limpeza, esperando que os detritos fossem encaminhados para o mar pelas águas pluviais.[90] Daí, naturalmente, a sujeira se amontoava por todos os cantos da urbe. Tal é a impressão relatada pelo alemão Carl Seidler, após pisar em solo brasileiro em 1826:

> [...] com isso chego a um outro grande mal a que, com grande pesar dos órgãos mais nobres, se está exposto em todas as ruas, praças públicas e principalmente na praia, a todas as horas do dia e da noite. É que os moradores do Rio são muito comodistas e por isso não gostam de comodidades a distância adequada [...]. Por mais que se tenha falado dessa desordem, a polícia, aqui chamada imperial, mas que se não poderá chamar louvável, não conseguiu pôr paradeiro a tão asqueroso costume. Por exemplo, não é nada extraordinário que os negros encarregados de transportar das casas para a praia toda sorte de lixo, por sua vez se revelem demasiado comodistas para levarem o vaso

---

89 EWBANK, Thomas. *A vida no Brasil*, p. 75-76.
90 MALERBA. *A corte no exílio*: civilização e poder no Brasil às vésperas da independência (1808 a 1821). São Paulo: Companhia das Letras, 2000, p. 129-130.

transbordante em longa caminhada até o mar, e na primeira esquina despejam toda a porcaria e se vão embora."[91]

Além de tão asqueroso hábito da população, que tanto contribuía para emporcalhar a cidade, as ruas do Rio de Janeiro tinham outro problema: a vala que corria em seus meios. Essas valas, que tinham por função auxiliar o escoamento das águas e das imundices para fora do território citadino, viviam constantemente bloqueadas, interrompendo o fluxo contínuo do que devia ser expelido e, assim, incorporando ainda mais porcarias. Em 1824, Ernst Ebel aponta que nas ruas "corre pelo meio uma valeta que acumula as sujeiras, e só chuvas torrenciais e benfazejas podem lavá-las".[92] Algum tempo depois, Charles Wilkes, norte-americano que aportou em solo fluminense em novembro de 1838, complementa: "as sarjetas ficam no meio das ruas, com um curso de água que emite um cheiro de nenhuma maneira agradável".[93]

De acordo com os visitantes estrangeiros, a sujeira do Rio de Janeiro incomodava também pelos fétidos odores exalados em cada canto da capital. Em 1816, Clarke Abel destaca a sujeira e o mau cheiro das ruas ao relatar que "quando assevero que em grande parte da cidade lamentei ter um nariz, temo não ter dado uma ideia exata de quão nauseabundo é o cheiro que exala da imundice das ruas".[94] Outro inglês,

---

91 SEIDLER, Carl. *Dez anos no Brasil*, p. 62-63.
92 EBEL, Ernst. *O Rio de Janeiro e seus arredores em 1824*, p. 75.
93 WILKES, Charles. *Voyage round the world*, embracing the principal events of the narrative of the United States exploring expedition. Philadelphia: Geo. W. Gorton, 1849, p. 31. Tradução nossa.
94 FRANÇA, Jean Marcel Carvalho. *Viajantes estrangeiros no Rio de Janeiro joanino*, p. 122-123.

James Justinian Morier, em sua breve passagem de 15 dias pelo Rio de Janeiro, em 1810, apresenta, igualmente, uma cidade imunda e deletéria:

> Porcos, há em grande abundância, entre os quais os de uma raça horrorosa, semelhantes a cachorros sem pelo; [...] São vistos aos montes, aparentemente sem donos, remexendo o lixo das ruas.
> Para nós, ingleses, verdade seja dita, a imundice de São Sebastião e de seus habitantes é bastante desagradável.[95]

E não eram apenas os animais vivos – como estes porcos da descrição de Ouseley que remexiam o lixo – que desagradavam os estrangeiros. Carl Schlichthorst, em 1824, denuncia mais uma faceta de uma cidade extremamente nociva, em que "cavalos e cães ficam onde caíram mortos".[96] Mesmo o pintor Johann Moritz Rugendas, que veio ao Rio de Janeiro em 1821 e descreveu, em sua narrativa, alguns dos "melhoramentos" propiciados pela chegada da corte, afirma que "a limpeza das ruas deixa muito a desejar, a ponto de se verem, nos lugares mais frequentados, às vezes durante dias inteiros, cães, gatos e mesmo outros animais mortos".[97]

As praças da cidade também são, recorrentemente, descritas como locais de amontoamento de lixo e dejetos, mesmo aquelas que seriam as principais, como o Largo do Paço, onde estava localizado o próprio Palácio Imperial. A visitante Ida Pfeiffer afirma, em 1846, que:

---

95 *Ibidem*, p 40.
96 SCHLICHTHORST, Carl. *O Rio de Janeiro como é*, p. 28.
97 RUGENDAS, Johann Moritz. *Viagem pitoresca através do Brasil*, p. 110.

> [...] a praça perante o Palácio Imperial (Largo do Paço), cujo único ornamento, uma simples fonte, é extremamente suja, e serve, à noite, como um lugar para um grande número de negros livres e pobres dormirem, os quais, ao levantarem-se pela manhã, realizam as diversas funções sanitárias em público com a mais suprema indiferença.[98]

Carl Seidler partilha da mesma opinião de Ida Pfeiffer sobre a principal praça da cidade. Diz-nos ele, em 1826, que "mesmo o Largo do Paço, embora mais ou menos calçado, está coberto de capim e, em todo tempo, ainda no mais forte calor, tão cheio de sujidades de toda espécie, que por ali só se poderia fazer má idéia do amor do monarca pelos súditos e vice-versa".[99]

O desencantamento com as praças fluminenses era tanto que o alemão Theodor von Leithold afirma, em 1819, que "além dessas praças principais [Largo do Paço e do Rocio], existem outras menores que nada apresentam de especial, daí não merecerem, aqui, referência".[100] Outro alemão, Ernest Ebel, também demonstra sua insatisfação com as praças locais em seu testemunho, dado em 1824:

> [...] seguimos agora ao longo da praia ou do cais. A praça a que vamos dar, fica repleta até os muros de artigos postos à venda, toda sorte de lenha, bananas, tremoços, mandioca, feijão, etc. Aí prevalece um cheiro insuportável tal a imundice que nela se acumula,

---

98 PFEIFFER, Ida Laura. *A woman's journey round the world*, p. 16. Tradução nossa.
99 SEIDLER, Carl. *Dez anos no Brasil*, p. 67.
100 LEITHOLD, Theodor von; RANGO, Ludwig von. *O Rio de Janeiro visto por dois prussianos em 1819*, p. 12.

pois no Rio não há esgotos nem latrinas; tudo o que sai das casas é aqui em parte descarregado pelos negros no mar, para que as marés levem o que elas alcançam.[101]

Como relatado logo acima por Ebel, as praias eram, aos olhos dos estrangeiros que visitaram o Rio de Janeiro, outro ponto de insatisfação, cuja causa atribuía-se aos dejetos que ali eram lançados. Assim, se a cidade era um lugar onde "as cloacas são despejadas nas praias e praças públicas",[102] como afirma Schlichthorst, nada mais esperado do que encontrar nos livros de viagem a imagem de um litoral extremamente deletério. Vejamos dois testemunhos a respeito: o primeiro, saído da pena de John Parish Robertson e William Parish Robertson, que vieram ao Rio de Janeiro em fins de 1808:

> [...] a praia estava coberta com as vísceras de uma cidade grande, onde literalmente não há polícia, e onde tudo comestível se transforma rapidamente em putrefação. Estas miudezas, compostas pela infinita quantidade de peixes e legumes que tinham se tornado podres antes mesmo que pudessem ser vendidos no mercado, estavam, alternadamente, sendo levadas ora em direção à praia, ora atraídas de volta para o mar pelo recuo das ondas.[103]

O segundo testemunho, elaborado pela francesa Adèle Toussaint-Samson, que desembarcou em São Sebastião em 1849 e viveu sob o calor tropical durante cerca de doze anos,

---

101 EBEL, Ernst. *O Rio de Janeiro e seus arredores em 1824*, p. 59.
102 SCHLICHTHORST, Carl. *O Rio de Janeiro como é*, p. 28.
103 ROBERTSON, John Parish; ROBERTSON, William Parish. *Letters on Paraguay*, v. 1, 1838, p. 140. Tradução nossa.

também é bem contundente no que se refere à insalubridade da orla fluminense:

> [...] enfim, a falua atraca; eis que chegamos. Os negros lançam-se à água e levantam-me em seus braços robustos para pôr-me em terra, pois as margens da baía não são mais que vaso infecto, onde detritos de toda espécie apodrecem exalando emanações nauseabundas. Essa foi nossa primeira desilusão. Aquelas praias, que de longe nos pareciam tão belas e tão perfumadas, eram o receptáculo das imundices da cidade.[104]

Mas voltemos às ruas do Rio de Janeiro, às quais os viajantes constantemente se referiram como "sujas"[105] ou "imundas"[106], caso de Jeremiah N. Reynolds e Gilbert Farquhar Mathison, que visitaram os trópicos em 1831 e 1821, respectivamente. No entanto, a insalubridade dos logradouros não foi a única característica ressaltada pelos estrangeiros, que ainda reclamavam constantemente que "as ruas são estreitas".[107] O

---

104 TOUSSAINT-SAMSON, Adèle. *Uma parisiense no Brasil.* Rio de Janeiro: Capivara, 2003, p. 74.

105 REYNOLDS, Jeremiah. *Voyage of the United States frigate Potomac, under the command of commodore John Downes, during the circumnavigation of the globe, in the years 1831, 1832m 1833, and 1834; including a particular account of the engagement at Quallah-Battoo, on the coast of Sumatra; with all the official documents relating to the same.* Nova York: Published by Harper & Brothers, n. 82 Cliff-Street, 1835, p. 38. Tradução nossa.

106 MATHISON, Gilbert Farquhar. *Narrative of a visit to Brazil, Chile, Peru, and the sandwich Islands, during the years 1821 and 1822; with miscellaneous remarks on the past and present state, and political prospects of those countries.* Londres: Printed for Charles Knight, Pall Mall East, 1825, p. 8. Tradução nossa.

107 EWBANK, Thomas. *A vida no Brasil*, p. 73.

norte-americano Thomas Ewbank, em 1846, tomando como exemplo a rua da Alfândega, importante via do Rio de Janeiro, afirma que ela "tem apenas cinco metros e meio de uma parede a outra, largura geral em todas as outras partes da cidade. Algumas das ruas excedem essa média, ao passo que as outras são simples vielas".[108] Já Henry Brackenridge destaca, em 1818, que as ruas seriam tão estreitas que duas casas, situadas uma de frente para a outra, "aproximam-se tanto, que duas pessoas quase podem apertar as mãos através da rua; provavelmente, resultado do antigo gosto mourisco".[109] Além de estreitas, as ruas também foram descritas como "mal pavimentadas"[110] e "sem calçadas"[111]. É o que atestam Jacques Arago, que desembarcou no Brasil em 1817, e George Gardner, que se estabeleceu no Novo Mundo entre 1836 e 1841, apontando, respectivamente, que "muitas das ruas não são pavimentadas, e as que são, são tão miseravelmente, que seria melhor se elas tivessem sido deixadas intocadas"[112], e que "além de estreitas e sujas, as ruas são também de mau calçamento e pior pavimentação, embora a cidade seja circundada de perto por montanhas do mais belo granito".[113]

Contudo, quase nada chamou mais a atenção dos estrangeiros nas ruas fluminenses do que a maciça presença dos escravos que por elas transitavam, o que, aos olhos dos

---

108 EWBANK, Thomas. *A vida no Brasil*, p. 73.
109 BRACKENRIDGE, Henry Marie. *Voyage to Buenos Ayres*, performed in the years 1817 and 1818, by order of the American government. Londres: Printed for Sir Richard Phillips and Co. Bride-Court, Bridge-Street, 1820, p. 19-20. Tradução nossa.
110 WILKES, Charles. *Voyage round the world*, p. 31. Tradução nossa.
111 BRACKENRIDGE, Henry Marie. op. cit, p. 19. Tradução nossa.
112 ARAGO, Jacques Étienne Victor. *Narrative of a voyage round the world*, p. 54. Tradução nossa.
113 GARDNER, George. *Viagem ao interior do Brasil*, p. 21.

visitantes, intensificava ainda mais a ausência de modos e padrões de civilidade europeus na cidade. A grande quantidade de negros chocou os aventureiros que aportaram em território brasileiro, como o alemão Carl Seidler que, em 1826, ao ver uma série de escravos acorrentados, não teve dúvidas em destacar: "a primeira impressão que colhemos da vida humana no Rio de Janeiro foi altamente desagradável e revoltante; destruiu todos os sonhos idílicos que como chuva de maná se derramou sobre nosso coração ainda enjoado do mar".[114] Os escravos eram tão numerosos na cidade que, nas palavras de Clarke Abel, "um visitante desconhecedor do tráfico de escravos poderia ser levado a pensar que a cidade é habitada por escravos e que seus mestres são moradores esporádicos".[115] Partilhando da mesma opinião, Ernest Ebel, em 1824, oito anos após a passagem de Abel, afirma: "estranha é a sensação do desembarque. Ao invés de brancos, só vi negros, seminus, a fazerem um barulho infernal e a exalarem um cheiro altamente ofensivo ao olfato".[116]

A "barbárie" relacionada à presença dos escravos estendia-se ao próprio aspecto físico dos cativos. Diziam os viajantes que a aparência dos africanos era miserável, malgrado o tratamento recebido dos senhores não ser, normalmente, descrito como de todo cruel. Afirmavam, entre os quais, James Justinian Morier, que permaneceu por 15 dias no Rio de Janeiro durante o mês de setembro de 1810, que a repugnante aparência dos escravos se devia mais às doenças que os acometiam, tanto durante a travessia do Atlântico como em terras brasileiras, do que aos maus-tratos impingidos pelos

---

114 SEIDLER, Carl. *Dez anos no Brasil*, p. 58.
115 FRANÇA, Jean Marcel Carvalho. *Viajantes estrangeiros no Rio de Janeiro joanino*, p. 112.
116 EBEL, Ernst. *O Rio de Janeiro e seus arredores em 1824*, p. 12.

senhores após o desembarque.¹¹⁷ Entretanto, como relata o inglês William Ellis, em 1816:

> Nas famílias inglesas e portuguesas com as quais tivemos algum contato, ainda que o tratamento dispensado aos escravos domésticos não seja rude, o chicote é freqüentemente empregado de uma maneira e em circunstâncias que vão contra qualquer sentimento de humanidade.¹¹⁸

Além de ser a maioria da população, os negros ocupavam as ruas pelo fato de realizarem quase todos os trabalhos e serviços da cidade. Desse modo, como aponta Henry Ellis, era "hábito aqui enviar o escravo para a rua pela manhã, com a incumbência de trazer para casa, ao fim do dia, certa quantia em dinheiro".¹¹⁹

A imagem dos negros realizando suas tarefas diárias pelos caminhos públicos era demasiado perturbadora para os estrangeiros, tanto que foram inúmeras as descrições que eles nos legaram desta cena. Eis o que destaca o alemão Carl Schlichthorst, em 1824:

> [...] os escravos mais forçudos trabalham nas ruas como carregadores. Andam nus com uma simples tanga amarrada à cintura, que mal cobre as coxas. Levam todas as cargas à cabeça. Às vezes, bastam seis e mesmo quatro para carregar depressa uma caixa de açúcar do peso de 2.200 libras. Esses mariolas entregam aos seus amos uma diária certa e

---
117 FRANÇA, Jean Marcel Carvalho. *Viajantes estrangeiros no Rio de Janeiro joanino*, p. 41.
118 *Ibidem*, p. 129.
119 *Ibidem*, p. 90.

eles próprios satisfazem as suas necessidades de vida. O mesmo se dá com as jovens pretas, que vendem frutas e outras miudezas, obrigadas a entregar de 16 a 20 vinténs ou meio táler por dia. O que ganham a mais lhes pertence. Como estas últimas praticam também outro ramo de negócio, muitas possuem elevados capitais.[120]

Ao narrarem o dia a dia dos negros pelas ruas, além da própria presença dos africanos, com seus "comportamentos incivilizados" e seu "nauseabundo fedor", era o barulho que esta gente perpetrava o que mais incomodava os aventureiros estrangeiros. Ernst Ebel, ao visitar as ruas fluminenses em 1824, comenta: "meus ouvidos europeus não se conciliam é com o barulho das ruas. Bem cedo, às cinco horas, começa o espetáculo".[121] Mais adiante, o alemão complementa:

> [...] o barulho é incessante. Aqui uma chusma de pretos, seminus, cada qual levando à cabeça seu saco de café, e conduzidos à frente por um que dança e canta ao ritmo de um chocalho ou batendo dois ferros um contra o outro, na cadência de monótonas estrofes a que todos fazem eco; dois mais carregam ao ombro pesado tonel de vinho, suspenso de longo varal, entoando a cada passo melancólica cantilena; além, um segundo grupo transporta fardos de sal, sem mais roupa que uma tanga e, indiferentes ao peso como ao calor, apostam corrida gritando a pleno pulmão. Acorrentados uns aos outros, aparecem acolá seis outros com baldes d'água à cabeça. São criminosos empregados em

---

120   SCHLICHTHORST, Carl. *O Rio de Janeiro como é*, p. 138.
121   EBEL, Ernst. *O Rio de Janeiro e seus arredores em 1824*, p. 98.

trabalhos públicos; também vão cantando em cadência. Mais adiante, passam dois aguadeiros, aos berros desafinados, mais uma negra vendedora de bananas e outra de confeitos – os chamados "doces" – apregoando ambas suas mercadorias também aos gritos. Vão elas ligeiramente vestidas: braços, fronte e pés nus. Tudo é transportado à cabeça, no que os negros demonstram tal habilidade que nenhuma gota derramam dos líquidos, isso sem ajuda das mãos ou qualquer outra e sempre a cantar ou berrar. O barulho é aumentado por uma tropa de muares, carregada de café, a qual pára em frente à casa, atravancando a rua; pior ainda: eis que surge enorme carroça de duas rodas, levando material de construção e puxada por quatro bois, a qual faz um ruído ensurdecedor – o das rodas maciças a girarem com o eixo – como se serrassem pedras ou ferros. Por cima de tudo, o badalar contínuo dos sinos. É realmente para atordoar.[122]

Além da insalubridade das vias, da má construção dos logradouros e do desapontamento em relação ao cotidiano da população nas ruas do Rio de Janeiro, os estrangeiros quase sempre destacaram que nada de interessante poderia ser encontrado na paisagem urbana durante um passeio pelas vias fluminenses, a começar pela arquitetura citadina, normalmente descrita como de péssimo gosto, nenhuma beleza e raríssima notoriedade, principalmente se comparada ao belo cenário natural dos trópicos. Tal é a opinião de Walter Colton, que visitou São Sebastião em dezembro de 1845, apontando que "a arquitetura do homem aqui é tão inferior à da natureza,

---

122 *Ibidem*, p. 13-14.

que ela deveria fazer um pedido de desculpas onde quer que se apresente".[123] O inglês Josiah Conder ainda complementa: "o estilo da arquitetura no Rio é, em geral, desprezível, lembrando aquele da parte antiga de Lisboa".[124] Grande parte das críticas direcionadas às construções da cidade referem-se aos edifícios públicos, os quais, de acordo com o diplomata inglês Henry Ellis, cujo testemunho data de 1816, "não são nem numerosos, nem dignos de nota do ponto de vista arquitetônico".[125] Entre os edifícios mais recriminados encontra-se o Palácio Imperial que, segundo Carl Schlichthorst, "não difere muito dos outros edifícios da cidade. Seu interior não é deslumbrante e há centenas de casas particulares melhor alfaiadas".[126] Outro alemão, Carl Seidler, doze anos depois, ainda mantém a mesma opinião de Schlichthorst acerca daquela que deveria ser a obra mais suntuosa do Brasil, o palácio de seu Imperador:

> [...] com este desvio perdemos de vista o Paço Imperial, mas de fato com isso pouco perdemos. Julga-se antes defrontar a residência de abastado particular, do que o palácio do primeiro potentado do Novo Mundo. Não se lhe descobre qualquer ornato, nem exterior nem interior; o mobiliário é moderno, mas em parte inadequado e usado antes de ter uso; os quartos são delicados, mas não confortáveis.[127]

---

123 COLTON, Walter. *Deck and port*, p. 88. Tradução nossa.

124 CONDER, Josiah. *The modern traveller*, v. 1, 1825, p. 102. Tradução nossa.

125 FRANÇA, Jean Marcel Carvalho. *Viajantes estrangeiros no Rio de Janeiro joanino*, p. 88.

126 SCHLICHTHORST, Carl. *O Rio de Janeiro como é*, p. 46.

127 SEIDLER, Carl. *Dez anos no Brasil*, p. 67.

Uma Paris dos trópicos? 201

Outro edifício do Imperador, a Quinta da Boa Vista, localizada nos arredores da cidade, também foi alvo de duras considerações por parte dos estrangeiros. Ouçamos o alemão Carl Schlichthorst:

> [...] o Castelo, denominado Quinta Imperial da Boa Vista, fica em suave colina, no meio de lindo vale, rodeado de jardins mal tratados e pintados de amarelo. Sua forma não agrada. Compõe-se duma torre redonda em estilo mourisco e de alguns pavilhões quadrados, constituindo um conjunto irregular. Internamente é como uma grande residência particular, com escadas estreitas e corredores escuros e apertados. Miserável escada traseira leva aos aposentos da Imperatriz, com vista pouco convidativa sobre as estrebarias, que ficam por baixo deles. Cozinhas e quartos sujos da criadagem se distribuem por ali e têm aspecto repelente. Em resumo, tanto no Palácio Imperial como em qualquer casa brasileira, sempre se encontram vestígios da influência dos negros. A sujeira, a falta de ordem, o mais berrante contraste entre a sovinice e o esbanjamento, serviço péssimo apesar da quantidade de escravos pretos e brancos, o ralhar e o bater sem fim são coisas insuportáveis para o europeu recém-chegado, o qual só com o tempo a elas se acostuma.[128]

Jeremiah N. Reynolds, em visita à cidade em 1831, apresenta o seguinte panorama dos edifícios públicos da urbe:

> [...] o palácio, que ocupa a parte superior da praça, apesar de extenso em suas dimensões, não tem nada particularmente magnífico em

---
128 SCHLICHTHORST, Carl. op. cit, p. 56-57.

sua aparência. Os outros edifícios públicos, incluindo a capela imperial, uma catedral, igrejas, conventos, correios, teatro, ópera, etc., não apresentam qualquer vista imponente de elegância da arquitetura.[129]

O inglês Josiah Conder também emite sua opinião sobre alguns dos edifícios públicos fluminenses. De acordo com o inglês, a Alfândega "é um edifício miserável"[130] e a Casa da Moeda e os Arsenais da Marinha e do Exército "são chamados de prédios magníficos [pelos habitantes locais], mas apresentam uma aparência muito pobre para os olhos de um europeu".[131] Gilbert Mathison, que chegou ao Rio de Janeiro em 1821, complementa o quadro dos edifícios ao afirmar que o "Banco, Casa da Moeda, Alfândega e Arsenal, estão todos situados na Rua Direita, ao longo da beira-mar, mas não exibem nada de notável".[132]

De modo geral, os edifícios públicos não conseguiam esconder o seu estado acanhado e, muitas vezes, deplorável. De acordo com os viajantes, havia claros sinais de descuido, de miséria e de deterioração. Em 1812, James Prior alerta que "tudo isto faz parte do gosto nacional. Por vezes, parece que, para os portugueses, em se tratando dos prédios públicos, a elegância é uma afronta e a limpeza, um pecado". Ainda

---

129 REYNOLDS, Jeremiah. *Voyage of the United States frigate Potomac*, p. 38. Tradução nossa.
130 CONDER, Josiah. *The modern traveller*, v. 1, 1825, p. 108. Tradução nossa.
131 *Ibidem*, p. 108. Tradução nossa.
132 MATHISON, Gilbert Farquhar. *Narrative of a visit to Brazil, Chile, Peru, and the sandwich Islands, during the years 1821 and 1822*, p. 8. Tradução nossa.

segundo este visitante, "uma urbe deserta ou vítima de um saque não poderia apresentar pior estado de conservação".[133] O Passeio Público também não agradou o olhar dos visitantes. Em 1819, Theodor von Leithold assevera que ele "parece mais uma horta comum".[134] James Holman, dez anos depois, destaca "um grave inconveniente decorrente de uma vala ou pequena sarjeta, de um de seus lados, em que animais mortos e outras matérias ofensivas são depositados, ocasionando um mau cheiro tão intolerável que, às vezes, é impossível aproximar-se daquela parte".[135]

Somente duas espécies de construções se destacaram um pouco mais sob a pena dos estrangeiros: as igrejas e o aqueduto. Como aponta Henry Ellis, em 1816, "o pouco de esplendor que há na cidade se deve às igrejas".[136] Josiah Conder também afirma que as "igrejas e conventos são quase os únicos prédios públicos no Rio que merecem nota".[137] No entanto, a notoriedade das igrejas não foi consensual na observação dos visitantes estrangeiros, sendo muitos os que afirmaram, como Maria Graham – cuja narrativa pertence àquele grupo dos que testemunham a favor dos melhoramentos recebidos pelo Rio

---

133 FRANÇA, Jean Marcel Carvalho. *Viajantes estrangeiros no Rio de Janeiro joanino*, p. 63-64.

134 LEITHOLD, Theodor von; RANGO, Ludwig von. *O Rio de Janeiro visto por dois prussianos em 1819*, p. 11.

135 HOLMAN, James. *A voyage round the world*, including travels in Africa, Asia, Australasia, America, etc. etc. from MDCCCXXVII to MDCCCXXXII. Londres: Smith, Elder, and Co., Cornhill Booksellers, by appointment, to their majesties, v. 2, 1834, p. 65. Tradução nossa.

136 FRANÇA, Jean Marcel Carvalho. *Viajantes estrangeiros no Rio de Janeiro joanino*, p. 88.

137 CONDER, Josiah. *The modern traveller*, v. 1, 1825, p. 107. Tradução nossa.

de Janeiro após 1808 –, que "até as igrejas não apresentam beleza arquitetônica e devem o bom efeito que produzem na vista geral, ao tamanho e à colocação".[138] Três anos depois de Graham ter desembarcado no Rio de Janeiro, Ernst Ebel alerta que "é grande o número de igrejas, algumas por terminar, mas já caindo em ruínas. Arquitetonicamente, não têm mérito particular".[139] Em 1846, Ida Pfeiffer ainda aponta que "não há nada memorável na aparência das igrejas, tanto por dentro quanto por fora".[140]

O aqueduto da cidade foi talvez a construção pública que mais positivamente tenha chamado a atenção dos viajantes. É o que afirma, em 1819, o alemão Ludwig von Rango: "entre as coisas dignas de serem vistas nos arredores, está o aqueduto que desce a água das montanhas e a conduz até o centro da cidade".[141] Peter Campbell Scarlett, que visitou o Rio de Janeiro em setembro de 1834, aponta a existência de "um belo aqueduto, em uma parte elevada da cidade, [que] compõe um dos principais objetos dignos de nota".[142] Durante sua passagem de 10 dias pela capital brasileira em agosto de 1845, Berthold Carl Seemann reitera as opiniões acima citadas,

---

138 GRAHAM, Maria. *Diário de uma viagem ao Brasil*, p. 205.
139 EBEL, Ernst. *O Rio de Janeiro e seus arredores em 1824*, p. 91.
140 PFEIFFER, Ida Laura. *A woman's journey round the world*, p. 16. Tradução nossa.
141 RANGO, Ludwig von; LEITHOLD, Theodor von. *O Rio de Janeiro visto por dois prussianos em 1819*, p. 133.
142 SCARLETT, Peter Campbell. *South America and the Pacific*; comprising a journey across the Pampas and the Andes, from Buenos Ayres to Valparaiso, Lima, and Panamá; with remarks upon the Istmus. Londres: Henry Colburn, Publisher, v. 1, 1838, p. 36-37. Tradução nossa.

enfatizando que "o aqueduto é realmente um nobre trabalho [...] solidamente construído".¹⁴³ O que primeiro chamou a atenção dos viajantes nas residências fluminenses foi o fato de que "as casas do Rio são raramente de mais de um andar de altura".¹⁴⁴ Em 1846, Thomas Ewbank destaca que "as casas são baixas, com as fachadas de reboco colorido e cobertas com velhas telhas vermelhas. Não se vê uma única porta com almofadas, nem varandas, argolas ou cordões de campainhas; vêem-se, todavia, muitas janelas sem vidraças".¹⁴⁵ Vinte anos antes, Carl Seidler já havia afirmado que "as casas [eram] quase todas baixas, sujas e edificadas em estilo vulgar, sem levar em conta questões de gosto e de comodidade da vida social, à feição da vontade no momento e da urgência".¹⁴⁶ O alemão ainda complementa:

> [...] as casas do Rio são, como disse, em geral baixas, pequenas, sujas, sem gosto e incômodas; só nas mais ricas se vêem tapetes e muitas vezes o rés-do-chão não é assoalhado. Em toda parte reina arranjo barroco do material, da distribuição e dos ornamentos arquitetônicos – quando tais existem. Na verdade, às vezes se nota uma espécie de

---

143 SEEMANN, Berthold Carl. *Narrative of the voyage of H M S Herald during the years 1845-51*, under the command of Captain Henry Kellett, R. N., C. B.; being a circumnavigation of the globe, and three cruisers to the Artic regions in search of Sir John Franklin. Londres: Reeve and Co. Henrietta Street, Covent Garden, v. 1, 1853, p. 17. Tradução nossa.
144 BINGLEY, William. *Travels in South America from modern writers*, p. 309. Tradução nossa.
145 EWBANK, Thomas. *A vida no Brasil*, p. 52.
146 SEIDLER, Carl. *Dez anos no Brasil*, p. 60.

luxo, mesmo ostentação, mas nunca elegância, simetria ou conforto no interior".[147]

Mesmo as residências das figuras mais importantes e abastadas da urbe não agradaram aos estrangeiros que vieram aos trópicos. Como aponta Henry Ellis, em 1816, "em geral, as casas dos principais da cidade não indicam nenhuma preocupação com a beleza arquitetônica e não trazem qualquer adaptação ao clima do país".[148]

Nas principais ruas da cidade, como a Direita, a do Ouvidor e a dos Ourives, as casas já possuíam mais de um andar, ocupando-se "geralmente o rés-do-chão com armazéns e lojas".[149] De acordo com Henry Brackenridge, que esteve na cidade no início de 1818, essas casas, "em geral, têm uma aparência ruim e projetam sacadas no segundo andar".[150] Nessas sacadas ou balcões, o que mais chamava a atenção era a situação das janelas, que, na opinião de Carl Schlichthorst, "enfeiam qualquer edifício".[151] Isso porque quase nenhuma delas possuía janelas de vidro, mas normalmente de madeira, as chamadas gelosias. Apesar da ordem de Dom João de retirá-las já no ano de 1808, os moradores locais ainda mantinham-nas em algumas casas, principalmente as localizadas nos arredores da cidade. Segundo Josiah Conder, "na periferia da cidade, as ruas não são pavimentadas e as casas são de apenas um andar, baixo, pequeno e sujo, com as portas e janelas de gelosias,

---

147 Ibidem, p. 62.
148 FRANÇA, Jean Marcel Carvalho. *Viajantes estrangeiros no Rio de Janeiro joanino*, p. 88-89.
149 SCHLICHTHORST, Carl. *O Rio de Janeiro como é*, p. 46.
150 BRACKENRIDGE, Henry Marie. *Voyage to Buenos Ayres*, p. 19. Tradução nossa.
151 SCHLICHTHORST, Carl. op. cit, p. 46.

abrindo-se para fora, para desgosto dos transeuntes".[152] Mas mesmo dentro da urbe, as treliças ainda eram encontradas, como atesta Theodor von Leithold, em 1819:

> [...] a maioria das casas é de um só pavimento e apenas uma janela, que, em muitas, é inteiramente de madeira, isto é, fechada por uma grade de trama apertada como as de nossos galinheiros ou pombais. Também a porta exterior é provida de grade semelhante, que serve também de janela. Por essa porta entra-se na única e exígua peça da casa.[153]

Outro problema relacionado às residências diz respeito à sua localização, a "poucos pés acima do nível da água",[154] como destaca James Prior, em 1812. Para os viajantes, esta situação seria extremamente prejudicial para a construção de casas, uma vez que, como aponta Thomas Ewbank, em 1846, "a calçada é geralmente pouco acima do nível da baía. Em qualquer parte basta cavar alguns pés para encontrar água".[155] Com a proximidade das águas na superfície do território, quando este já não estava tomado pelas águas das enchentes, o solo fluminense permanecia invariavelmente úmido, o que provocava, somando-se também a umidade do clima, uma série de transtornos e doenças na população local. O mesmo Ewbank relata o caso de uma mulher que, em decorrência da umidade de seu lar, sofreria constantemente de reumatismo:

---

152 CONDER, Josiah. *The modern traveller*, v. 1, 1825, p. 107. Tradução nossa.
153 LEITHOLD, Theodor von; RANGO, Ludwig von. *O Rio de Janeiro visto por dois prussianos em 1819*, p. 11.
154 FRANÇA, Jean Marcel Carvalho. *Viajantes estrangeiros no Rio de Janeiro joanino*, p. 62.
155 EWBANK, Thomas. *A vida no Brasil*, p. 73.

> [...] uma senhora de minhas relações passou anos a fio nestas condições. As pessoas, vivendo em casas térreas, dificilmente conseguem escapar. O ar é excessivamente úmido, quase todas as ruas são baixas e inundadas durante a estação chuvosa, enquanto o solo é tão saturado de água que, cavando-se a uma profundidade de sessenta a noventa centímetros, transborda por toda parte.[156]

O problema da umidade era ainda agravado pelo próprio modo como as casas eram construídas. O visitante Theodor von Leithold, em 1819, testemunha acerca dos transtornos causados pela precariedade da construção das casas e pelo alto índice de umidade:

> [...] as ditas casinhas não têm alicerces. As tábuas do soalho são pregadas em dormentes fixados, sem a mínima proteção, diretamente ao chão; é fácil imaginar, em consequência, os efeitos nocivos da umidade para a saúde, sobretudo na época das chuvas. Afora estas casas térreas, há outras de dois, três e quatro pavimentos, com balcões de ferro ou de madeira; mas nelas também prevalece a mesma umidade, a ponto de não se poder deixar botas ou sapatos no segundo andar sem que se cubram em poucos dias de espessa camada de mofo.[157]

Além das casas particulares, os hotéis, pousadas, estalagens e casas de pasto também não satisfizeram os estrangeiros que desembarcaram na capital brasileira. Na qualidade de viajantes, era recorrente o uso destes estabelecimentos por parte

---

156 *Ibidem*, p. 320-321.
157 LEITHOLD, Theodor von; RANGO, Ludwig von. op. cit, p. 11.

dos visitantes; talvez por isso mesmo que tenham ocupado significativo espaço em suas descrições sobre o Novo Mundo. Mas o fato é que, como afirma Josiah Conder, "as pousadas são abominavelmente ruins".[158] Segundo Jeremiah Reynolds, que desembarcou no Brasil em outubro de 1831, o Rio de Janeiro "não pode vangloriar-se de um hotel, café, estalagem, hospedaria, restaurante, refeitório, pensão ou qualquer resort decente em que estranhos possam procurar descanso e uma confortável noite de repouso".[159] Como também destaca Carl Schlichthorst, em 1824, os hotéis:

> [...] servem pessimamente por preços exorbitantes. Comidas intragáveis. Ínfimos vinhos portugueses e espanhóis, vendidos cinicamente como Porto e Madeira. Como todos sem exceção não prestam, recomendo entre eles os de O'Brion e de Balger, o primeiro à Rua do Ouvidor, o segundo à do Rosário, e, para os que não liguem ao mais alto grau de sujeira, o de l'Empire, à Rua Direita. O pior de todos é o Hotel du Nord.[160]

Desse modo, ainda segundo o visitante alemão, quem chegasse ao Rio de Janeiro e procurasse qualquer estabelecimento que atendesse às necessidades de alimentação ou descanso "não deveria ser exigente em matéria de elegância e asseio".[161]

---

158 CONDER, Josiah. *The modern traveller*, v. 1, 1825, p. 108. Tradução nossa.
159 REYNOLDS, Jeremiah. *Voyage of the United States frigate Potomac*, p. 39. Tradução nossa.
160 SCHLICHTHORST, Carl. *O Rio de Janeiro como é*, p. 72-73.
161 *Ibidem*, p. 73.

A precariedade dos hotéis, casas de pasto e localidades similares pode ser mais bem compreendida a partir dos testemunhos de três estrangeiros que estiveram no Rio de Janeiro na primeira metade do Oitocentos: Schlichthorst, Ernst Ebel e Henry Brackenridge. Segundo Schlichthorst, "por um quarto pequeno e horrível, tive de pagar 10 mil réis mensais, isto é, 15 táleres. Na Alemanha, um criado não se contentaria com esse cômodo e com móveis tão pobres. Ali, tive de agradecer a Deus tê-lo encontrado".[162] O segundo depoimento, dado por Ebel em 1824, relata:

> [...] minhas primeiras noites no Rio passei-as o pior possível, visto que nenhum alojamento me havia sido reservado e tive que recorrer às estalagens, no geral péssimas. [...] A custo, dormi a primeira [noite] numa pensão francesa, tendo que me contentar com um quarto – melhor dito de despejo – sem porta e dando diretamente para um pátio estreito e sujo. Como cama, um colchão de palha colocado sobre a tábua da mesa, isto é, o mesmo que nada; ratos corriam por toda a parte sem cerimônia, mosquitos (um pouco maiores que os nossos) entretiveram-me com seu "mavioso" concerto noturno. Agradeci, pois, aos céus quando às cinco horas, a luz matinal liberou-me da "apetitosa" cama e do respectivo "ninho".[163]

Já Brackenridge, em 1818, alerta que as acomodações fluminenses eram tão precárias que:

> [...] preferimos permanecer a bordo do barco por várias razões: uma era que deveriamos,

---

162 *Ibidem*, p. 30.
163 EBEL, Ernst. *O Rio de Janeiro e seus arredores em 1824*, p. 18-19.

assim, escapar do aborrecimento de insetos e vermes que deveríamos encontrar nas miseráveis pousadas da cidade. Outra razão era que, estabelecidos no mar, nós apreciamos um ar mais frio que na cidade, a qual é cercada por montanhas. Nós estávamos, de fato, muito mais confortavelmente situados do que poderíamos estar na cidade.[164]

Desse modo, o que podemos concluir até o momento é que para a maioria dos viajantes que passaram pelo Rio de Janeiro durante a primeira metade do Oitocentos, nomeadamente os visitantes "críticos", a cidade oferecia "muito pouco em relação às praças, ruas e edifícios, os quais, para um estrangeiro, comprovam-se de modo algum atraentes".[165] Isso porque "as ruas são, em geral, retas, mas estreitas e limitadas. As praças não são de modo algum numerosas e, assim como as casas, não são regularmente construídas, não havendo nada para admirá-las".[166] De maneira geral, o panorama retratado pelo Conde de Suzannet, em 1845, expressa claramente a visão que os viajantes estrangeiros possuíam da urbe:

> [...] a cidade do Rio tem a forma de um quadrado irregular e fica situada às margens da baía. [...] O palácio do Imperador é um grande edifício quadrado sem arquitetura. As igrejas, os diversos monumentos destinados

---

164 BRACKENRIDGE, Henry Marie. *Voyage to Buenos Ayres*, p. 29. Tradução nossa.

165 PFEIFFER, Ida Laura. *A woman's journey round the world*, p. 16. Tradução nossa.

166 CALDCLEUGH, Alexander. *Travels in South America, during the years 1819-20-21; containing an account of the present state of Brazil, Buenos Ayres, and Chile*. Londres: John Murray, Albemarle Street, v. 1, 1825, p. 9. Tradução nossa.

aos serviços públicos são construídos com solidez, mas sem elegância. Quanto às praças principais da cidade, são irregulares e mal construídas, só tendo de notável o tamanho. Um jardim sombreado por árvores é o único passeio no centro da cidade, mas, graças aos hábitos indolentes dos brasileiros, está sempre deserto. As ruas sujas e estreitas de casas que raras vezes tem mais que um andar, mal calçadas e desiguais, tornam qualquer excursão, a pé ou de carro, difícil e cansativa.[167]

Em vista do que foi até aqui analisado, é possível perceber que muitas das tópicas presentes nos livros de viagem assemelham-se aos assuntos que foram objeto de intervenção da polícia e da medicina a partir de 1808, a saber: as condições de salubridade e de modernização do espaço físico do Rio de Janeiro. No entanto, para que o quadro da capital do Brasil traçado pelos estrangeiros se conclua, ao menos em relação aos objetivos deste trabalho, algumas outras considerações acerca do que os estrangeiros escreveram sobre a polícia e sobre a medicina devem ser feitas, uma vez que a finalidade aqui é comparar diferentes perspectivas sobre objetos supostamente semelhantes. Assim, vejamos o que os viajantes ainda têm a dizer sobre alguns daqueles temas policiais e médicos abordados nos capítulos anteriores.

De acordo com Thomas Ewbank, em depoimento de 1846, "a polícia do Rio é militar. Os homens, alistados por alguns anos, são treinados e comandados por oficiais do exército. São quase todos mulatos. São considerados

---

167 SUZANNET, Conde de. *O Brasil em 1845*: semelhanças e diferenças após um século. Rio de Janeiro: Casa do Estudante do Brasil, 1957, p. 27.

eficientes e, tanto quanto eles, os ladrões".[168] Em 1819, Ludwig von Rango também aponta que "a polícia desempenha um papel preponderante neste país e foi organizada militarmente. Está bem uniformizada. Apesar de seu número ser considerável, não é, sem embargo, maior que o de roubos e outros crimes mais sérios".[169] Já Carl Schlichthorst, em 1824, afirma que os policiais "não impedem os crimes que se encobrem nas trevas".[170]

Apesar de a polícia ser descrita, muitas vezes, como severa, é constante a referência, nas narrativas de viagem, à incapacidade dos policiais frente à criminalidade do Rio de Janeiro. Robert Walsh, por exemplo, que desembarcou no Brasil em outubro de 1828, comenta a esse respeito:

> [...] eles não se distinguem quer pela temperança quer pela conduta adequada, e são os únicos nativos que eu já vi bêbados. Se um ultraje é cometido, eles apreendem não o homem que o cometeu, que geralmente tem tempo para escapar, mas a pessoa que se encontra mais próxima do local, que estava apenas passando acidentalmente.[171]

Tal como Walsh, que ressalta tanto a ineficiência da polícia quanto a inadequada conduta de seus membros, Jacques Arago, em 1817, critica a ausência de uma política de prevenção da criminalidade fluminense:

---

168 EWBANK, Thomas. *A vida no Brasil*, p. 322.
169 RANGO, Ludwig von; LEITHOLD, Theodor von. *O Rio de Janeiro visto por dois prussianos em 1819*, p. 147.
170 SCHLICHTHORST, Carl. *O Rio de Janeiro como é*, p. 77.
171 WALSH, Robert. *Notices of Brazil in 1828 and 1829*, v. 1, 1830, p. 489. Tradução nossa.

> [...] a polícia é aplicada no Rio com a maior severidade, e os crimes são, no entanto, extremamente frequentes lá. Como é isso possível? Porque menos dores são tomadas para prevenir do que para punir as infracções. Os agentes desta polícia infernal são admitidos em qualquer lugar, e em qualquer lugar permanecem entretidos. Eles correm em busca de um negro como fazemos na perseguição de um lobo. Em conjunto com os outros cães de caça da polícia, organizada militarmente, e chamados *guardas reais*, eles instigam uns aos outros à crueldade. Não passa um dia sem que algum infeliz miserável perda um membro através da barbárie desses açougueiros, que contam as suas proezas com uma alegria feroz.[172]

Victor Jacquemont, em 1828, também não deixa de descrever a violência e a brutalidade dos homens da polícia:

> [...] cenas de violência são frequentes. Eu estava perto de ser atingido por um tiro de pistola, disparado por um assaltante que estava fugindo de sua perseguição. Ele foi aprisionado, amarrado e transportado para a casa de guarda, no vestíbulo do imperador. Lá, ele foi examinado completamente à moda turca. Os policiais deliberaram se deveriam liberar, bater ou matá-lo; os oficiais olhavam calmamente, fumando seus charutos, com suas mãos atrás das costas. Ele foi espancado com tal severidade, suficiente para quebrar um de seus braços, e depois aprisionado.[173]

---

172 ARAGO, Jacques Étienne Victor. *Narrative of a voyage round the world*, p. 52. Tradução nossa.

173 JACQUEMONT, Victor. *Letters from India; describing a journey in the British dominions of India, Tibet, Lahore, and Cashmere, during*

Dois anos antes, Carl Seidler também ressalta a má conduta daqueles envolvidos na segurança pública. O alemão descreve que uma senhora idosa, depois de herdar certa quantia em dinheiro, que passou a guardar em sua própria casa, recebeu uma carta anônima denunciando um suposto esquema em andamento para roubar-lhe, em determinado dia, o patrimônio recém-conquistado. Levando o caso até a polícia, os oficiais propuseram que alguns soldados fizessem prontidão no interior da residência da senhora no dia estabelecido, com o intuito de deter os ladrões em flagrante. No dia em que o crime estava planejado, já com os policiais escondidos dentro da casa da idosa, os criminosos, mascarados, renderam-na e exigiram que os levassem até o local em que a quantia estava resguardada. Assim,

> [...] trêmula, a senhora conduz os dois gatunos ao quarto contíguo, onde devem estar os aguazis, que no mesmo instante, de fato, os cercam e seguram. Então um dos mascarados puxa o sargento para um canto e pelas costas da senhora tira a máscara e lhe pergunta em voz cortante: "Tu me conheces!" Espantado, o sargento recua alguns passos e faz profunda reverência ao mascarado, o qual instantaneamente repõe o disfarce: por ordem do sargento, toda a guarda se retira, deixa a senhora a sós com os dois mascarados, e ela nada mais tem a fazer se não entregar o seu dinheiro. Não é fácil imaginar ou esperar prova mais impressionante de mais ignóbil administração policial. Todo o Rio soube da história que foi mesmo ao conhecimento do

---

the years 1828, 1829, 1830, 1831. Undertaken by order of the French government. Londres: Edward Churton, 26, Holles Street (late Bull and Churton), v. 1, 1834, p. 38-39. Tradução nossa.

Imperador, quando este regressou de sua viagem, mas tudo foi em vão. Devem ter estado envolvidas pessoas importantes, razão porque se julgou melhor abafar a odiosa história: o dinheiro ficou roubado e a pobre mulher conservou apenas o sonho duma grande herança.[174]

Segundo o mesmo alemão, a péssima conduta da polícia ia ainda mais longe, atingindo toda a justiça, que se acha "em más condições por toda a parte. Reina um vasto sistema de suborno; tudo é venal; alguns poucos cruzados contrabalançam muitas vezes a consciência dos juízes, e a justiça, qual propriedade particular, é publicamente vendida a quem mais dá".[175] Cinco anos antes, Gilbert Mathison também ressalta as "irregularidades na administração da justiça".[176] O Conde de Suzannet, em 1845, partilha da mesma opinião sobre a corrupção da polícia e da justiça, afirmando que "desde o desembargador até o pobre juiz municipal, todos estendem a mão e só dão a sentença depois de fartamente recompensados".[177]

Jacques Arago, em 1817, também destaca a participação da polícia em crimes cometidos no Rio de Janeiro, enfatizando que aos policiais "deveria, provavelmente, ser atribuída uma grande parte dos assassinatos que são cometidos aqui e dos criminosos que são procurados em vão".[178] Em 1826, Carl Seidler, tal qual a opinião de Jacques Arago, aponta que

---

174 SEIDLER, Carl. *Dez anos no Brasil*, p. 429-430.
175 *Ibidem*, p. 97.
176 MATHISON, Gilbert Farquhar. *Narrative of a visit to Brazil, Chile, Peru, and the sandwich Islands, during the years 1821 and 1822*, p. 138. Tradução nossa.
177 SUZANNET, Conde de. *O Brasil em 1845*, p. 51.
178 ARAGO, Jacques Étienne Victor. *Narrative of a voyage round the world*, p. 52. Tradução nossa.

"a polícia também não podia atrever-se a empreender séria investigação [...], pois os seus próprios servidores e agentes costumavam andar envolvidos em casos [de assassinato] análogos, mormente quando podiam dar algum proveito".[179] Grande parte das causas que os viajantes atribuíram para as irregularidades das práticas de policiamento no Rio de Janeiro devia-se ao tipo de gente que integrava a corporação: muitos dos oficiais da polícia, como também do exército, eram recrutados entre as camadas mais baixas da população, formando um contingente que, em grande parte, se compunha por homens tidos como desocupados e vagabundos de todas as espécies, que eram obrigados ao serviço. Devido ao fato de que "grande número de vagabundos perambulava constantemente pelas ruas pedindo esmolas",[180] como aponta Daniel Kidder em 1837, a polícia e o exército passaram a recrutar esta gama de desocupados para compor seu quadro de serventes. É o que afirma Thomas Ewbank, em 1846:

> [...] encontrei-me, poucos dias atrás, com uma centena de recrutas que acabavam de voltar de uma província do Norte. Eram quase todos negros; um terço deles era constituído de índios. "Por quanto tempo se alistaram?", perguntei. "Eles absolutamente não foram alistados", foi a resposta. Eles foram presos e feitos escravos. Os governadores têm ordem de apreender quantos desordeiros sejam capazes de apreender, assim como índios.[181]

---

179   SEIDLER, Carl. op. cit, p. 429.
180   KIDDER, Daniel Parish. *Reminiscências de viagens e permanências no Brasil*, v. 2, 1972, p. 74.
181   EWBANK, Thomas. *A vida no Brasil*, p. 210.

Carl Seidler, que vivia no Brasil no momento da abdicação de D. Pedro I, em 1831, também descreve com grande insatisfação a utilização de homens recrutados "na ralé do povo" para compor as forças policiais da cidade:

> [...] antigamente, existia no Rio de Janeiro uma "polícia armada", de cerca de mil homens, que patrulhava dia e noite as ruas e, assim, peiava a ladroagem; após a revolta de 7 de abril, ou porque fosse de lembrança odiosa para o povo, ou porque pelo menos aparentemente se quisessem fazer reformas em todos os ramos da administração pública, ela foi subitamente dissolvida, e em seu lugar criou-se uma Guarda Permanente [sic]. Este corpo compreende cerca de 600 homens, recrutados na ralé do povo: caixeiros do comércio, infiéis, escreventes imprestáveis, operários miseráveis, jogadores infelizes, filhos degenerados, aleijados e mandriões de toda espécie constituem esse bando autorizado de ladrões, que parecem recrutados por um moderno Falstaff, embora se destinem a proteger a segurança pública e a propriedade dos cidadãos. Esta é a velha ironia da vida: o bode é feito guarda do vinhedo. Esta Guarda Permanente tem um poder quase soberano, sem embargo é destituída de importância, ela só se guia pela mais atrevida arbitrariedade. Depende só e exclusivamente de seu comandante, o General Lima, e nenhum de seus membros responde perante qualquer outra autoridade civil ou militar pelas injustiças ou violências que pratique; quando muito o transgressor, se o seu crime, naturalmente sempre cometido por excesso de zelo, for demasiado

notório, é levado a conselho de guerra; e os honrados juízes, oficiais do mesmo corpo, deixam escapar o camundongo preso, através da armadilha de raposa. Que horrível insensatez! Que têm de ver com conselho de guerra os beleguins em tempo de paz? O governo gosta de toda espécie de pirotecnia e é o primeiro a lançar o foguete na casa da pólvora: isso é tática brasileira.[182]

Além da decadência organizacional do contingente policial, os viajantes estrangeiros apontam a falta de estrutura dos edifícios ligados ao policiamento: os quartéis, as fortalezas e as prisões. Carl Schlichthorst, cujo testemunho a respeito da situação das fortalezas é bastante expressivo, destaca as péssimas condições das instalações militares situadas na Praia Vermelha, onde "três lados do pátio estão tomados pelos quartéis, edifícios miseráveis, sem a menor comodidade. Mesmo a capela e as residências dos oficiais são extremamente pobres".[183] O mesmo alemão ainda narra a precariedade das forças de defesa da cidade:

> [...] contudo, o sistema de fortificações com que se quer defender o porto e a cidade conserva os mesmos defeitos inerentes a todas as construções da espécie na brilhante época do poderio português: baterias demasiado elevadas, cujo tiro não raspa a superfície do mar; seteiras altas e estreitas que não permitem livre jogo às bocas de fogo, o que é imprescindível para impedir a entrada duma frota. A ilha das Cobras presta-se mais a bombardear a cidade do que a um inimigo

---

182 SEIDLER, Carl. *Dez anos no Brasil*, p. 97-98.
183 SCHLICHTHORST, Carl. *O Rio de Janeiro como é*, p. 185.

ancorado diante de suas muralhas. Em si própria, a cidade não possui mais nenhuma defesa. O velho forte de S. Sebastião acha-se em ruínas.[184]

Carl Schlichthorst ainda complementa o quadro negativo das fortalezas diagnosticando que "muito menor resistência encontraria hoje uma esquadra inglesa, se tentasse operação semelhante [à de Duguay-Trouin], porque, sem dúvida, o estado das fortificações não é superior ao daquele tempo e a arte náutica de manobrar se desenvolveu em alto grau".[185]

Já as prisões foram, normalmente, descritas "em repugnante e vergonhosa condição".[186] Theodor von Leithold, cuja passagem pelo Brasil data de 1819, descreve que "as prisões, segundo dizem, são horrorosas e pouco saudáveis, o que é fácil de acreditar visto andarem cheias de escravos, sobre cujo passadio e estado de saúde a polícia não parece preocupar-se".[187] Após desembarcar no Rio de Janeiro em março de 1829, Charles Samuel Stewart apresenta o seguinte panorama do encarceramento de criminosos:

> [...] o espetáculo apresentado foi verdadeiramente comovente: criminosos de todas as idades, de meninos sem barba até homens de cabelos brancos, de todas as cores, desde o azeviche do Congo até a pele clara da Alemanha, e provavelmente de todos os crimes, foram vistos amontoados na imundície e em trapos. Muitos deles pareciam ser

---

184 SCHLICHTHORST, Carl. *O Rio de Janeiro como é*, p. 43.
185 *Ibidem*, p. 45.
186 CONDER, Josiah. *The modern traveller*, v. 1, 1825, p. 127. Tradução nossa.
187 LEITHOLD, Theodor von; RANGO, Ludwig von. *O Rio de Janeiro visto por dois prussianos em 1819*, p. 46.

criminosos perigosos, amarrados em nossa direção em satânica imprudência, em retorno ao olhar de compaixão à sua miséria; e eu recuei horrorizado da vista de tal covil, não menos o receptáculo do que deve necessariamente ser a escola do vício.[188]

Victor Jacquemont, um ano antes, complementa o cenário das cadeias:

> [...] quase todos os crimes e contravenções levam indiferentemente para as galés: e elas são horríveis. Imagine você mesmo que a administração da justiça nem sequer solicita uma distribuição regular de provisões nas prisões. Os prisioneiros vivem exclusivamente de esmolas: quando estas falham, eles morrem de fome, a menos que o chanceler envie-lhes algumas bananas.[189]

O visitante George Little, que aportou no Rio de Janeiro em maio de 1810, descreve uma prisão fluminense depois de passar pela seguinte situação: ele e toda a tripulação de seu navio, desconhecendo os motivos para tal medida, foram encaminhados à cadeia do Rio de Janeiro. De acordo com Little, antes mesmo de pisarem em terra firme pela primeira vez, sua embarcação recebeu a rotineira fiscalização, por parte das autoridades portuguesas, que era efetuada em todas as naus que pretendiam ancorar no porto da cidade:

---

188 STEWART, Charles Samuel. *A visit to the South Seas*, in the U. S. Ship Vincennes, during the years 1829 and 1830; with scenes in Brazil, Peru, Manilla, the Cape of Good Hope, and St. Helena. Nova York: John P. Haven, 142 Nassau Street, Sleight & Robinson, Printers, v. 1, 1831, p. 96. Tradução nossa.
189 JACQUEMONT, Victor. *Letters from India*, v. 1, 1834, p. 39. Tradução nossa.

[...] aqui, nos submetemos a um severo exame executado pelos oficiais de guerra portugueses, por quem fomos proibidos de ir à costa até que um novo exame fosse feito pelo intendente de polícia. [...] Depois de escurecer, para nossa grande surpresa, um barco grande, cheio de soldados armados, chegou ao nosso lado, seu comandante saltou a bordo e ordenou que todos os passageiros, inclusive eu mesmo, se dirigissem ao seu barco, não nos dando nem tempo para admoestação, e, sem nenhuma cerimônia, levou-nos para dentro do barco sob a ponta da baioneta [...]. Levaram-nos à terra com grande silêncio e segredo, e, quando desembarcamos, colocaram-nos sob uma forte guarda de soldados, que nos conduziram a um repugnante presídio apropriado aos criminosos. [...] Com efeito, todo o interior da prisão era uma massa de imundície e parasitas. O mau cheiro era tão horrível, que era impossível para qualquer um de nós fechar os olhos durante a noite. Assim, demos a alguns dos infelizes prisioneiros que lá já se encontravam algumas moedas de prata para nos deixarem ficar em um banco que estava próximo a uma janela, protegida com enormes barras de ferro, para que pudéssemos respirar um ar fresco. Desta forma, passamos uma noite sem dormir no mais profundo suspence, ignorando totalmente a causa deste ultrage. [...] Esperamos com paciência até a manhã seguinte, quando veio uma ordem para a nossa liberação. [...] [Somente então] soubemos o motivo de nosso aprisionamento: aparentemente, uma informação recebida alertava sobre uma embarcação americana que, vinda da França, via Estados Unidos, navegava em direção a este porto, tendo a bordo passageiros que deveriam ser espiões franceses. Além disso, constatou-se que, como nosso navio correspondia à descrição da obnóxia embarcação, as suspeitas recaíram sobre nós.[190]

Nos livros de viagem, a menção às desordens e aos crimes cometidos pelos escravos é também bastante recorrente. Neles, a inclinação dos cativos para tais atos é descrita como decorrente da índole dos negros, "por demais inclinados à bebida, ao roubo e à preguiça".[191] Quando um escravo era apanhado após cometer algum delito, ou era castigado pelo seu senhor ou, dependendo da gravidade da infração, era "entregue à polícia para ser castigado na forma da lei, isto é, com 50 ou 100 açoites de cada vez".[192] Os senhores que preferiam mandar o culpado aos cuidados da justiça, segundo George Gardner, encaminhavam o meliante ao Calabouço, "onde, mediante módico pagamento, a polícia se incumbe do castigo".[193] Mas como aponta Ernst Ebel, em 1824, o castigo aos negros não podia ser aplicado pelos senhores de maneira arbitrária. Em suas palavras:

> [...] o tratamento aqui dispensado aos escravos é, de modo geral, bom, seus senhores sendo severamente proibidos de puni-los com mais de quarenta chibatadas e, nos casos de crimes mais graves, devem ser entregues às autoridades que, por certo, os

---

190 LITTLE, George. *Life on the ocean*; or twenty years at sea; being the personal adventures of the author. Boston: Charles D. Strong, 1851, p. 190-192. Tradução nossa.
191 EBEL, Ernst. *O Rio de Janeiro e seus arredores em 1824*, p. 47.
192 SCHLICHTHORST, Carl. *O Rio de Janeiro como é*, p. 139.
193 GARDNER, George. *Viagem ao interior do Brasil*, p. 25.

castigam severamente, segundo as circunstâncias, mas tal rigor sendo necessário para mantê-los sob o jugo, já que ultrapassam de longe, em número, a população branca.[194]

O mesmo alemão ainda narra um episódio em que os critérios para castigar não foram respeitados por uma senhora local:

> [...] correu há dias o boato de que uma senhora, conhecida pela sua crueldade, havia morto a pancadas uma de suas escravas. A reação foi tão generalizada e rumorosa que as autoridades, informadas, deram-lhe voz de prisão. É verdade que ela logo conseguiu sair; todavia por este exemplo se verifica que conduta assim escandalosa não passa sem punição.[195]

Quando fugitivos, era aos capitães-do-mato que se recorria para a captura dos negros. Conforme alerta de Theodor von Leithold, em 1819:

> [...] esses capitães-do-mato, como me foi dito, têm uma tarefa bastante árdua em dar caça aos fugitivos, os chamados negros vadios, que, apesar de todas as medidas tomadas, constituem bandos de ladrões que tornam perigosas as estradas do interior. Os capitães andam armados, mas só empregam essas armas se encontram resistência. Aos negros mortos em escaramuças com a polícia cortam-lhes as cabeças. Entregues estas à justiça, são elas espetadas em paus e

---

194 EBEL, Ernst. *O Rio de Janeiro e seus arredores em 1824*, p. 44.
195 *Ibidem*, p. 97.

colocadas nas esquinas das ruas principais como advertência.[196]

Os escravos também não podiam portar nenhum tipo de arma, sendo, como assinala Jacques Arago em 1817, "punidos com açoite e acorrentados",[197] no caso de serem pegos. Um dos principais tumultos cometidos pelos escravos e relatados pelos viajantes era o que ocorria nos chafarizes da cidade, uma vez que cabia aos negros a incumbência de recolher a água das bicas e distribuí-la, mediante pagamento, às residências fluminenses; como testemunha Carl Seidler, durante sua estada entre os anos de 1826 e 1836:

> [...] os negros se acotovelam na fonte principal da cidade, à porfia de encherem mais depressa e mais freqüentemente que possam as suas pipas; naturalmente então é raro que não haja conflito. Por isso sempre existe ali uma forte guarda. Alguns policiais munidos de duras varas passeiam constantemente ao longo do chafariz, pondo em ordem os negros, metendo-os em forma, de acordo com a ordem de chegada.[198]

Os assassinatos perpetrados pelos negros também seriam muito frequentes. O Conde de Suzannet comenta, em 1845, que:

> [...] as cenas de sangue no porto entre marinheiros bêbedos e negros, quase sempre têm como resultado a morte de vários dos

---

196 LEITHOLD, Theodor von; RANGO, Ludwig von. *O Rio de Janeiro visto por dois prussianos em 1819*, p. 44.
197 ARAGO, Jacques Étienne Victor. *Narrative of a voyage round the world*, p. 74. Tradução nossa.
198 SEIDLER, Carl. *Dez anos no Brasil*, p. 79.

contendores. No dia de minha chegada ao Rio, um marinheiro americano foi ferido mortalmente por um negro armado de facão, que conseguiu fugir. Esta cena de morte passou-se sob minha janela, em presença de grande número de brasileiros, que facilitaram a fuga do assassino, pois a vítima era apenas um estrangeiro![199]

Em 1819, o viajante alemão Theodor von Leithold descreve a seguinte cena: ao voltar, durante a noite, à sua residência, após assistir a uma apresentação teatral, o alemão foi cercado por alguns negros que tinham a intenção de assaltá-lo:

> [...] o destino perseguiu-me também no Rio de Janeiro por todos os modos, tornando-me esta terra, em que o europeu em vez de leite e mel só encontra amarguras, ainda mais odiosa. [...] Achava-me a meio caminho [de casa], quando um negro, armado de um cacête, passou a seguir-me assobiando e mantendo-se sempre atrás. Procurei-me desembaraçar dessa suspeitosa perseguição, pois estava desarmado, nem sequer tinha uma bengala. Passei-me para o outro lado da rua, mas o gigante do negro continuava atrás. Detive-me então e gritei: *Vá Diabolo!* (sic) Como um eco, respondeu-me ele com as mesmas palavras. Continuei do lado da rua em que havia algumas casas. Teria andado um quarto de hora, quando detrás de um muro em ruína, assaltou-me o diabo do negro com seu cacête, pelo lado esquerdo da rua, a gritar: *vinténs!* Respondi-lhe logo: *ni vinténs.* Três outros saíram ao meu encontro detrás do muro, meio escondido pela

---

199 SUZANNET, Conde de. *O Brasil em 1845*, p. 28.

vegetação, brandindo punhais. Livrei-me do primeiro, pulando para uma elevação perto de uma loja com a agilidade que o medo infunde. Pus-me a gritar com toda a força: "Polícia! Polícia!", arrancando dos gonzos a rótula de uma janela. Os negros hesitaram. Enquanto eu observava na escuridão, gritei ainda mais forte e esmurrei com energia a janela que ficava por trás da rótula. Os negros afastaram-se na direção da minha casa, distante ainda quinze minutos desse ponto. Passei a gritar em francês, latim, português, etc., para que me abrissem a porta. Fiz tinir o dinheiro na minha bolsa e exclamei: "Fidalgo"! Tudo em vão. Ninguém me abria a porta em frente à qual me achava e de onde vinha uma luz. Tampouco os vizinhos. Corri para outras casas e fiz o mesmo barulho, sem êxito. Em toda a vizinhança, silêncio de morte, e eu, sozinho na noite, banhado em suor, à espera cada momento da reaparição dos diabos com suas facas.[200]

A aflição sentida por Leithold em não encontrar socorro em nenhum dos moradores da rua em que foi abordado teria um fundamento bem difundido entre a população local, uma vez que, como faz referência Carl Seidler, "já é costume no Rio de Janeiro fechar portas e janelas assim que se ouve gritar 'assassino!', de modo que tanto mais facilmente ficam envoltos na mais negra escuridão os negros crimes das aves de rapina noturnas".[201] Seidler ainda complementa que a intensidade da criminalidade noturna era tão grande que "dia nenhum

---

200 LEITHOLD, Theodor von; RANGO, Ludwig von. *O Rio de Janeiro visto por dois prussianos em 1819*, p. 91-92.
201 SEIDLER, Carl. *Dez anos no Brasil*, p. 426.

o sol iluminava as ruas da capital sem que aparecessem tintas do sangue dos assassinados".[202]

Assim como a tentativa de assalto descrita por Leithold, muitos foram os delitos, cometidos durante o período noturno, que acabaram sendo relatados pelos viajantes. Como destaca Ludwig von Rango, cujo depoimento data do mesmo ano do de seu tio Leithold, no Rio de Janeiro "há que evitar sair à rua sozinho de noite e ser mais atento à sua segurança do que em qualquer outra parte, porque são frequentes os roubos e crimes, apesar de a polícia ser lá tão encontradiça como areia no mar".[203] Também Victor Jacquemont, em passagem pelo Brasil em 1828, narra que "na mesma noite, eu vi um negro batendo em outro com tanta força que o matou. Foi me dito que era um pai que havia matado seu filho, pois o último tentou assassiná-lo. Ele não foi preso".[204]

Os assassinatos mais frequentes, segundo os estrangeiros, eram motivados por vingança ou ciúme. Como aponta Carl Schlichthorst, "é singular como neste país o amor leva ao crime".[205] Isso porque, ainda segundo o alemão, "ser importuno nas relações amorosas força a injúrias graves que só se vingam a bala ou ponta de espada".[206] Além dos crimes envolvendo intrigas amorosas, que são alvo de comentários por parte dos viajantes desde o período colonial, Schlichthorst destaca a inclinação dos fluminenses para a vingança, principalmente feita por meio de duelos,

---

202 Ibidem, p. 426.
203 RANGO, Ludwig von; LEITHOLD, Theodor von. *O Rio de Janeiro visto por dois prussianos em 1819*, p. 166.
204 JACQUEMONT, Victor. *Letters from India*, v. 1, 1834, p. 39. Tradução nossa.
205 SCHLICHTHORST, Carl. *O Rio de Janeiro como é*, p. 132.
206 Ibidem, p. 30.

dos quais ele mesmo chegou a participar – tendo como resultado um tiro em seu pé esquerdo – após desentendimento envolvendo questões amorosas:

> [...] o selvagem vinga-se imediatamente de qualquer ofensa. O meridional educado engole insultos e até pancadas; mas sabe admiravelmente empregar no silêncio da noite suas armas prediletas: o veneno e o punhal. Ri-se dum desafio ou dele se serve para perdição de seu inimigo. Duelos e facadas, que é como se chama um crime muito comum no Brasil, às vezes ignominiosamente praticado por assassinos assalariados, têm sua utilidade social.[207]

Como os assassinatos eram bastante frequentes no Rio de Janeiro, os homicidas assalariados eram também bem requisitados. O alemão Carl Seidler, em sua narrativa em que descreve sua estada de dez anos no Brasil, aponta a trajetória e o status social de um destes indivíduos, a quem ele dá o nome de "Duro":

> [...] já os assassínios são muito freqüentes; mas o infeliz que assim cai na flor da vida com algum tiro ou facada à traição, não é sacrificado por motivo de atrevido furto: os móveis do crime são geralmente a vingança, a honra ofendida, o ciúme. Livre e desembaraçado, continua sua atividade aquele que tiver praticado semelhante feito; não o repelem, não o odeiam, nem temem, nem perseguem, acha em toda parte amigos que, se necessário, o escondem e protegem; ele se vangloria publicamente de sua façanha e o povo dá-lhe o nome de honra de *Duro* [sic]. Semelhante título o

---

207 SCHLICHTHORST, Carl. *O Rio de Janeiro como é*, p. 31.

consagra, como ao seu feito, o qual poderá ser desculpado, mas não se deve aplaudir; ele transgrediu as leis humanas, mas a sociedade humana o respeita como a um inocente mártir: fazem uma glória do seu sinal de Caim na testa. A polícia intencionalmente ignora seu crime; até os juízes que o deveriam condenar o protegem, a menos que a família do assassinado seja muito rica e se empenhe seriamente por perseguir o criminoso, com grandes despesas e raramente com êxito. Um desses Duro, a quem se atribuem mais de vinte assassínios, ou para falar legitimamente português "mortezinhas", ainda hoje vive nos mais próximos arredores do Rio. É conhecido pelo nome de Guimarães. Dizem que foi o mais belo rapaz da capital e a primeira morte que praticou não foi um assassinato, mas justo castigo à infidelidade de um ser a quem confiadamente ele votara as mais belas esperanças de sua mocidade. Este primeiro feito, bem premeditado e energicamente executado, determinou-lhe o futuro; abandonou pátria, pais e amigos, abdicou de todos os gozos que sua fortuna teria permitido: tornara-se um Duro e como tal quis viver. Ah! Quantas vezes devem tê-lo iludido a triste realidade! Quantas vezes uma amada o traiu, um amigo o enganou! Hoje não é mais moço nem belo, mas é fartamente rico e respeitado. Muitas vezes o vi nas ruas do Rio, nunca sem grande acompanhamento; sempre os pobres o cumprimentavam com respeito e os membros do governo, medrosos, passavam por ele como se não o conhecessem.[208]

---

208 SEIDLER, Carl. *Dez anos no Brasil*, p. 94-95.

Poucos foram os delinquentes condenados à morte, uma vez que, como testemunha Thomas Ewbank em 1846, "há poucas penas capitais aplicadas no Rio. Vários anos há que se passaram desde que um branco foi executado".[209] De acordo com Victor Jacquemont, que esteve no Rio de Janeiro em 1828, "a lei quase nunca condena à morte, até mesmo os escravos; e quando por acaso há uma execução, há uma consternação geral em toda a cidade; e os devotos realizam missa para a salvação do culpado".[210] No entanto, Ernst Ebel, em 1824, descreve a condenação de um bando que falsificava notas bancárias, cujo líder foi sentenciado à morte para que "servisse de exemplo", enquanto os outros integrantes da quadrilha foram encaminhados a trabalhos forçados nas Minas:

> [...] a execução teve lugar no Morro da Conceição, onde foi levantada uma forca. Cheguei lá justo no momento em que aquele já estava sobre o catafalco, as mãos atadas, o rosto escondido por amplo capuz que o tornava invisível; um padre à frente fazia sua exortação e dois negros desempenhavam as funções de carrascos. Tinham-lhe amarrado a corda no pescoço, mas tanto demoraram os dois diabos na terminação dos seus preparativos que foi, sem dúvida, uma falta de humanidade deixar o delinquente nessas condições, que na certa equivaleu a dez suplícios o tempo levado nesses vaivens. Finalmente, foi ele empurrado no estrado, enquanto um dos negros pendurou-se de seu pescoço para quebrar-lhe a nuca, tudo terminado depois disso.[211]

---

209 EWBANK, Thomas. *A vida no Brasil*, p. 322.
210 JACQUEMONT, Victor. *Letters from India*, v. 1, 1834, p. 39. Tradução nossa.
211 EBEL, Ernst. *O Rio de Janeiro e seus arredores em 1824*, p. 181-182.

Além das condições de insalubridade da cidade já descritas anteriormente, bem pouca coisa se falou sobre as demais esferas da arte médica fluminense nos livros de viagem da primeira metade do Oitocentos, ainda mais se compararmos com as numerosas referências de imagens sobre a situação policial e criminal do Rio de Janeiro. Com exceção de um comentário ou outro sobre a situação de construções como hospitais, cemitérios e boticas, os viajantes dedicaram-se, principalmente, a descrever as doenças mais comuns que acometiam a população local e a relatar as cerimônias dos enterros nas igrejas, visando a apontar as consequências insalubres de tais rituais.

Jeremiah Reynolds, em passagem pelo Rio de Janeiro em 1831, atribui algumas enfermidades ao clima, especificamente à intensa pluviosidade da cidade:

> [...] durante a estação chuvosa, no entanto, e durante um mês ou seis semanas depois, disenterias e febres intermitentes são tidas como predominantes. As erupções cutâneas são comuns entre todas as classes, particularmente as de ordem inferior, especialmente entre a população de cor. Lepra e elefantíase estão entre as aflições destes últimos.[212]

Já de acordo com o visitante Johann Emanuel Pohl, que chegou ao Brasil em 1817, era o calor dos trópicos que gerava "os mais variados estados mórbidos no corpo humano".[213] Entre as moléstias mais habituais, encontravam-se:

> [...] freqüentes dores de cabeça, inflamações no cérebro, nos ouvidos e no fígado, e

---

212 REYNOLDS, Jeremiah. *Voyage of the United States frigate Potomac*, p. 43. Tradução nossa.
213 POHL, Johann Emanuel. *Viagem no interior do Brasil*, v. 1, 1951, p. 81.

insolação. Além disso, dominam as doenças seguintes: febre, reumatismo, gota, resfriados, cólicas, diarréia, disenteria, prisão de ventre, hemorróidas, antemas e, especialmente, os ataques do fígado, próprios das terras quentes, e que surgem violentamente ao começar o tempo úmido. As febres nervosas são raras; mais freqüente é a febre tifóide. Até agora, nenhum vestígio foi descoberto da tão temida febre amarela.[214]

Mas se na época de Pohl a febre amarela ainda não havia grassado a população do Rio de Janeiro, a mesma situação não foi relatada pela parisiense Adèle Toussaint-Samson após desembarcar na capital brasileira em 1849, ano em que se deu o primeiro grande surto da enfermidade na cidade, quando a própria francesa acabou por contrair a doença:

> [...] a mortalidade era tanta na cidade e os cemitérios estavam tão cheios que já não se podia enterrar os mortos; nada mais de festas, nada de barulho, nada de alegria, por toda parte o luto. [...] Toda manhã, ficávamos sabendo da morte de um de nossos compatriotas. De 28 passageiros que haviam feito a travessia conosco, dezessete acabavam já de sucumbir quando me senti tomada por essa febre, cujos sintomas reconheci de imediato.[215]

Acerca da qualidade e competência dos médicos brasileiros, Carl Seidler alerta outros viajantes para que se, porventura, viessem ao Brasil e fossem acometidos por alguma doença durante a estada nos trópicos, seria "sempre de aconselhar que se prefira ao médico europeu um médico natural

---

214 *Ibidem*, p. 81.
215 TOUSSAINT-SAMSON, Adèle. *Uma parisiense no Brasil*, p. 93-94.

do país, pois naturalmente estes sabem melhor combater um mal, que pela diuturna experiência melhor conhecem em todas as suas gradações e fases".[216] No entanto, outro visitante, o Conde de Suzannet, destaca que se deve sempre desconfiar dos médicos fluminenses, uma vez que:

> [...] os diplomas de médico e de advogado são dados com tanta facilidade que se torna desnecessário estudar. Um francês, não sabendo o que fazer para se sustentar, resolveu obter autorização para exercer a medicina e para isso teve que se submeter a um exame; o professor que o interrogou só sabia um pouco de matemática; as perguntas foram só sobre aritmética, e o francês obteve assim o direito de matar todos os que nele quiserem confiar.[217]

Com relação aos estabelecimentos de saúde, são normalmente evidenciados seus estados deploráveis. Como assinala Theodor von Leithold, em 1819, "as casas de saúde acham-se aqui em más condições. Estabelecimentos de banho não há de todo e, no entanto, em nenhum lugar são eles mais necessários, pois aqui a pele está sempre em transpiração".[218]

As farmácias e boticas também não agradaram aos visitantes. Ernst Ebel destaca:

> [...] a este propósito, pude observar que as farmácias brasileiras encontram-se em péssimas condições. Existem, por sinal, em número impressionante: três, quatro – ao

---

216 SEIDLER, Carl. *Dez anos no Brasil*, p. 106-107.
217 SUZANNET, Conde de. *O Brasil em 1845*, p. 45-46.
218 LEITHOLD, Theodor von; RANGO, Ludwig von. *O Rio de Janeiro visto por dois prussianos em 1819*, p. 69-70.

lado umas das outras –, o mais das vezes faltando-lhes os principais ingredientes. Os farmacêuticos pouco entendem do latim, de modo que as receitas têm que ser escritas em português.[219]

Além disso, como estabelece Alexander Caldcleugh após aportar no Rio de Janeiro em 1819, "o estado da arte médica, entre os praticantes nativos, estava em uma baixa condição: velhos sistemas e remédios, há muito destruídos na Europa, ainda estavam preservados aqui".[220]

O principal hospital da cidade, a Misericórdia, como relata Johann Emanuel Pohl em 1817, necessita "de muitos melhoramentos".[221] A inglesa Maria Graham, ao visitar o Rio de Janeiro quatro anos depois, apresenta o seguinte panorama da Misericórdia:

> [...] do asilo, atravessei a rua para ver o grande hospital da Misericórdia. É um belo edifício, bastante amplo, mas não está no bom estado que seria de desejar. Há geralmente quatrocentos doentes e o número de mortos é muito grande, mas não pude saber a proporção exata. O departamento médico está em grande carência de reforma. As celas dos loucos interessam-me mais do que tudo. Ficam no andar térreo, muito frio e úmido, e muitos dos que são ali depositados morrem depressa de tísica.[222]

---

219   EBEL, Ernst. *O Rio de Janeiro e seus arredores em 1824*, p. 79.
220   CALDCLEUGH, Alexander. *Travels in South America*, v. 1, 1825, p. 70. Tradução nossa.
221   POHL, Johann Emanuel. *Viagem no interior do Brasil*, v. 1, 1951, p. 79.
222   GRAHAM, Maria. *Diário de uma viagem ao Brasil*, p. 366.

O cemitério adjacente ao Hospital da Misericórdia também não convenceu a inglesa, que afirmou que se tratava de um local "tão pequeno que chega a ser desagradável e, segundo creio, insalubre para a vizinhança".[223]

Para encerrar a descrição do Rio de Janeiro construída pelos viajantes, vejamos o que foi dito sobre a realização dos enterros, tanto no interior das igrejas quanto em locais anexos a elas, hábito que chamou muito a atenção dos estrangeiros. Charles Wilkes, que visitou a cidade fluminense entre novembro de 1838 e janeiro de 1839, assinala que, depois de velado o cadáver, "o corpo foi então levado para o Campo Santo, uma espécie de anfiteatro com muros altos próximo à igreja. Cerca de mil abóbadas são construídas na parede. Uma delas foi aberta, o corpo sepultado, e o muro construído novamente".[224]

O aventureiro Fitch Waterman Taylor, durante sua permanência no Rio de Janeiro no mês de julho de 1838, afirmou que, ao presenciar um funeral em uma igreja fluminense, percebeu que "a parede está cheia de faixas, com cinco ou seis camadas de nichos, um acima do outro, tornando-os um baluarte de esqueletos encaixados".[225] Ainda segundo o mesmo Fitch Taylor, "para completar a cerimônia do enterro,

---

223 GRAHAM, Maria. *Diário de uma viagem ao Brasil*, p. 366.
224 WILKES, Charles. *Voyage round the world*, p. 19. Tradução nossa.
225 TAYLOR, Fitch Waterman. *A voyage round the world, and visits to various foreign countries, in the United States Frigate Columbia; attended by her consort the sloop of war John Adams, and commanded by commodore George C. Head. Also including an account of the bombarding and firing of the town of Muckie, on the Malay coast, and the visit of the ships to China during the opium difficulties at Canton, and confinement of the foreigners in that city*. New Haven: Published by H. Mansfield; Nova York: D. Appleton & Co., 200 Broadway, 1846, vol. 1, p. 127. Tradução nossa.

[bastava] colocar o corpo dentro do nicho vago da parede, selá-lo em alvenaria de cal e pedra e fixar na superfície externa o número da abóbada emparedada".[226] Tal maneira de se enterrar os mortos nas igrejas trazia grande prejuízo para a salubridade destes edifícios e das localidades ao seu redor, uma vez que os corpos em putrefação empesteavam tudo aquilo que os rodeava. É o que alerta o inglês Josiah Conder, destacando que "o modo de enterro é outro mal. As pessoas têm uma aversão supersticiosa em enterrar seus mortos sob o dossel do céu e, portanto, amontoam os seus cadáveres nas igrejas, cuja atmosfera se torna, por este meio, contaminada".[227]

Em suma, depois de tudo o que foi descrito até aqui, para os viajantes estrangeiros o Rio de Janeiro não passava de um lugar "onde as artes comuns da vida civilizada são de crescimento tardio e débil".[228] Ou seja, uma cidade que se encontrava em débito com os padrões de civilidade e modernização de metrópoles europeias como Londres e Paris. Como reitera o inglês James Holman, que veio ao Brasil em 1829:

> [...] que não há no mundo, talvez, uma cidade de igual extensão com menos acomodação, menos diversões, menos satisfação procedente da sociedade de seus habitantes, ou menos objetos interessantes do que esta célebre cidade do Rio de Janeiro, a capital do Brasil; e apesar deste país ter sido bem governado, não há muitos lugares suscetíveis de embelezamento para harmonizar com a

---

226 *Ibidem*, p. 127-128. Tradução nossa.

227 CONDER, Josiah. *The modern traveller*, v. 1, 1825, p. 127. Tradução nossa.

228 MATHISON, Gilbert Farquhar. *Narrative of a visit to Brazil, Chile, Peru, and the sandwich Islands, during the years 1821 and 1822*, p. 8. Tradução nossa.

esplêndida paisagem pela qual está cercado, é deficiente nas utilidades, bem como nos ornamentos, e não possui em suas melancólicas ruas uma única carruagem de aluguel ou cadeira, conveniências que são fundamentais em uma cidade grande, particularmente em um clima quente.[229]

Assim, a cidade do Rio de Janeiro chamava a atenção dos europeus muito mais por sua peculiaridade e estranhamento do que por seu encantamento. A inglesa Ida Pfeiffer resume bem a sensação que um estrangeiro sentia após conhecer o Novo Mundo: "o Brasil é, talvez, o país mais interessante do mundo para os viajantes, mas para um lugar de residência permanente, devo mais decididamente preferir a Europa".[230]

Este é Rio de Janeiro construído pelos viajantes estrangeiros durante a primeira metade do Oitocentos: um Rio de Janeiro que, malgrado ter sido agraciado por tantas belezas naturais, é apresentado como uma cidade de contornos acanhados e tomada por escravos; uma urbe de clima desagradável e deletério, com suas ruas, praças e praias imundas e fedorentas; uma cidade com suas casas úmidas e suas igrejas pestilentas; em uma palavra: uma cidade insalubre. Um Rio de Janeiro violento, onde os assassinos atuam sem medo da lei. Enfim, uma cidade em que pouco se nota aquela ação civilizatória da polícia e da medicina descrita no capítulo anterior. Uma urbe incomum para um estrangeiro, que a identificava muito mais com uma cidade ainda imersa na barbárie do que, efetivamente, com uma Paris tropical.

---

229 HOLMAN, James. *A voyage round the world*, v. 2, 1834, p. 65. Tradução nossa.
230 PFEIFFER, Ida Laura. *A woman's journey round the world*, p. 26. Tradução nossa.

UMA PARIS DOS TRÓPICOS?

"A verdade é deste mundo; ela é produzida nele graças a múltiplas coerções e nele produz efeitos regulamentados de poder. Cada sociedade tem seu regime de verdade, sua 'política geral' de verdade: isto é, os tipos de discurso que ela acolhe e faz funcionar como verdadeiros; os mecanismos e as instâncias que permitem distinguir os enunciados verdadeiros dos falsos, a maneira como se sanciona uns e outros; as técnicas e os procedimentos que são valorizados para a obtenção da verdade; o estatuto daqueles que têm o encargo de dizer o que funciona como verdadeiro".

Michel Foucault,
Verdade e poder

A partir do início do século XIX, o Rio de Janeiro tornou-se palco privilegiado das mudanças que se fizeram sentir no cotidiano do fluminense depois do desembarque de Dom João e seu séquito, em 1808. Malgrado ter surgido o esboço de uma preocupação urbanizadora e sanitarista com a urbe no final do Setecentos, principalmente com a transferência da capital do Brasil e o estabelecimento da sede do vice-reinado para os domínios fluminenses, a São Sebastião encontrada pelo monarca português e por sua corte ainda sustentava as marcas de um território tipicamente colonial e bastante inóspito. Isso porque as medidas de urbanização da cidade adotadas pelos vice-reis foram bem acanhadas, ainda mais se comparadas àquelas planejadas após a chegada dos Bragança aos trópicos. No final do século XVIII, foi comum entre aqueles que residiram ou visitaram a colônia a menção a um Rio de Janeiro bastante deletério, de ruas, casas e praças sujas e precariamente edificadas, em que a polícia, sem organização e sem capacidade, não continha a violência e a criminalidade, e a medicina das universidades europeias, de alcance limitado no Brasil, caminhava a passos lentos.

Desse modo, foi somente com o desembarque da dinastia real lusitana no Rio de Janeiro que se formularia, efetivamente, uma política pública de intervenção no espaço citadino que visasse a transformá-lo em um ambiente mais adequado ao "padrão europeu".[1] Em meio a tais esforços, resultantes da presença da monarquia na América portuguesa, duas instituições do início do Oitocentos assumiram papéis primordiais na civilização da cidade e dos habitantes: a Intendência de Polícia e a Sociedade de Medicina.

Com a criação da Intendência, além de manter as atividades de controle da violência e de zelo da seguridade pública – práticas que já eram incumbência da polícia durante o período colonial –, as autoridades policiais assumiram a tarefa de europeizar o Rio de Janeiro e sua população. Em razão de uma nova organização institucional, que conferiu às forças da ordem estratégias de controle social até então inéditas no Brasil, estratégias essas que decorreram de uma modificação na concepção de ordem que passou a ser veiculada no Rio de Janeiro e que a própria polícia ajudou a formular, a Intendência iniciou a instauração de um projeto civilizatório na cidade, fundamentado nos padrões de urbanização e sociabilidade característicos das sociedades europeias mais desenvolvidas.

Policiar a cidade do Rio de Janeiro, nesse sentido, passou a significar não apenas a investida em prol da seguridade pública, mas também "fazer do Rio uma metrópole, reconhecer as diferenças existentes entre a metrópole e a colônia de modo a poder diminuí-las. O projeto foi sustentado pela adoção, pela Europa esclarecida do século XVIII, da 'civilização'

---

1   SCHULTZ, Kirsten. *Versalhes tropical*: império, monarquia e a corte real portuguesa no Rio de Janeiro, 1808-1821. Rio de Janeiro: Civilização Brasileira, 2008, p. 182.

e sua missão".[2] Para isso, a Intendência passou a intervir na urbanização do Rio de Janeiro e na civilização de sua população, tornando-se responsável por interferir nas áreas urbanas e na paisagem natural da cidade, procurando ordenar quase todos os campos que merecessem investidas civilizatórias: preocupou-se com a salubridade da cidade, cuidando do despejo de imundices nas ruas, praças e praias; preocupou-se com as obras de infraestrutura urbana, como a construção e conserto de ruas, pontes, praças e casas, bem como zelou pela iluminação pública e pelo abastecimento de água para os moradores; além disso, interviu nos hábitos da população, no intuito de torna-los mais ordeiros e civilizados.

A partir de 1829, no entanto, quando é criada a Sociedade de Medicina, os problemas relacionados à higiene pública deixaram de ser uma preocupação exclusiva da Intendência, consolidando-se nos anos seguintes como atividades essencialmente médicas. Assim, também em virtude de uma nova organização das atividades médicas oitocentistas – que deixaram de se concentrar apenas nas medidas curativas, tomadas *a posteriori*, para então privilegiar as medidas preventivas, de cultivo à saúde, em que o próprio objeto de intervenção desloca-se da individualidade da doença para a saúde social –, a Sociedade passa a demandar o controle das ações médico-higiênicas tomadas no Rio de Janeiro. Com isso, interferindo nas questões de salubridade da cidade direcionadas tanto para o ambiente público quanto para o privado, os profissionais de saúde deram continuidade, ao menos no que se refere à higienização, ao processo de europeização iniciado pela Intendência. Desse modo, o projeto civilizatório da medicina desenvolveu-se em complementaridade ao projeto civilizatório formulado pela polícia, e ambos, além de serem pautados

---

2   SCHULTZ, Kirsten. *Versalhes tropical*, p. 194.

por medidas repressivas de controle e ordenação, sustentaram-se largamente em ações pedagógico-normativas.

Entretanto, a imagem do Rio de Janeiro que é possível extrair dos editais da polícia e dos periódicos médicos, aquela que constrói uma cidade que percorria os caminhos necessários para atingir o ideal de civilização europeu resultante da Ilustração, não foi a mesma construída por todos aqueles que registraram suas impressões sobre a São Sebastião da primeira metade do século XIX: é este o caso dos viajantes estrangeiros. A perspectiva da cidade formulada em grande parte dos livros de viagem destes visitantes, notadamente as narrativas dos viajantes "críticos", contrastou com aquela edificada pelos agentes de segurança e pelos médicos do Rio de Janeiro. Nos relatos destes estrangeiros, ao invés de uma Paris tropical, construiu-se uma urbe de contornos bastante acanhados, atrasada, pouco civilizada e ainda atrelada aos antigos hábitos e comportamentos não europeus, característicos dos tempos coloniais; uma cidade violenta e insalubre, em que pouco transparece a ação europeizante da polícia e da medicina.

Desse modo, o que procurei analisar aqui foi que a ideia de um Rio de Janeiro cada vez mais civilizado está longe de ser consensual entre aqueles que viveram ou passaram pela cidade durante a primeira metade do Oitocentos. No entanto, mais do que me preocupar com a verossimilhança de cada perspectiva com uma suposta "realidade" da época, minha intenção foi apresentar diferentes leituras do Rio de Janeiro que procuraram se estabelecer como verdadeiras e legítimas durante este período, uma vez que, retomando a epígrafe foucaultiana apresentada no início destas considerações finais, "cada sociedade tem seu regime de verdade", ou seja, "os tipos de discurso que ela acolhe e faz funcionar como verdadeiros", e que a produção destes discursos resulta em "efeitos regulamentados de poder" que atribuem aos sujeitos que falam "o encargo de dizer o que funciona como verdadeiro".[3]

Portanto, a percepção da cidade registrada pelos homens da polícia e da medicina e pelos viajantes estrangeiros relacionava-se, como não poderia deixar de ser, com as práticas de poder que fundamentaram a produção de seus discursos sobre a urbe, tendo em vista os lugares sociais e políticos que estes grupos ocupavam na sociedade oitocentista: de um lado, a perspectiva produzida por membros de instituições que tinham entre suas atribuições civilizar uma cidade tomada por características majoritariamente coloniais e tidas como atrasadas; do outro lado, a imagem construída pelo viajante estrangeiro, que, identificado com o ideal de civilização ilustrado, avalia esta porção do Novo Mundo, ainda nos primórdios de seu processo de "civilização", de acordo com os critérios civilizacionais e com os interesses de seu mundo.

---

[3] FOUCAULT, Michel. "Verdade e poder". In: _____. *Microfísica do poder*. Rio de Janeiro: Graal, 2008, p. 12.

REFERÊNCIAS

DOCUMENTAÇÃO MANUSCRITA

ANRJ, Polícia da Corte, códice 318.

ANRJ, Polícia da Corte, códice 323.

ANRJ, Polícia da Corte, códice 324.

ANRJ, Polícia da Corte, códice 336.

ANRJ, Polícia da Corte, códice 343.

ANRJ, Polícia da Corte, códice 410.

DOCUMENTAÇÃO IMPRESSA

ADALBERTO, Príncipe da Prússia. *Brasil*: Amazônia-Xingu. Brasília: Senado Federal, 2002.

ALMEIDA, Manuel Antônio de. *Memórias de um sargento de milícias*. São Paulo: Editora Três, 1973.

ARAGO, Jacques Étienne Victor. *Narrative of a voyage round the world*, in the Uranie and Physicienne corvettes, commanded by Captain Freycinet, during the years 1817,

1818, 1819 and 1820; on a scientific expedition undertaken by order of the French Government. Londres: Treuttel and Wrultz, Treuttel, Jun. and Richter, 30, Soho-Square, 1823.

BINGLEY, William. *Travels in South America from modern writers*, with remarks and observations; exhibiting a connected view of the geography and present state of that quarter of the globe. Londres: Printed for John Sharpe, at Haile's Juvenile Library, London Museum, Piccadilly by C. Whittingham, Chiswick, 1820.

BRACKENRIDGE, Henry Marie. *Voyage to Buenos Ayres*, performed in the years 1817 and 1818, by order of the American government. Londres: Printed for Sir Richard Phillips and Co. Bride-Court, Bridge-Street, 1820.

CALDCLEUGH, Alexander. *Travels in South America*, during the years 1819-20-21; containing an account of the present state of Brazil, Buenos Ayres, and Chile. Londres: John Murray, Albemarle Street, v. 1, 1825.

"Cartas de Luiz Joaquim dos Santos Marrocos escritas do Rio de Janeiro à sua família em Lisboa, de 1811 a 1821". In: *Anais da Biblioteca Nacional do Rio de Janeiro*, v. 56, Rio de Janeiro: Serviço Gráfico do Ministério da Educação, 1934.

COLTON, Walter. *Deck and port*; or incidents of a cruise in the United States frigate Congress to California: with sketches of Rio de Janeiro, Valparaiso, Lima, Honolulu, and San Francisco. Londres: Partridge & Oakey, Paternoster Row, 1851.

CONDER, Josiah. *The modern traveller*. A popular description, geographical, historical, and topographical, of the various countries of the globe. Brazil and Buenos Aires.

Londres: Printed for James Duncan; Oliver and Boyd, Edinburgh; M. Ogle, Glasgow; and R. M. Tims, Dublin, v. 1, 1825.

"Correspondência do Conde da Cunha". In: *Revista Trimestral do Instituto Histórico e Geográfico Brasileiro*, v. 254, jan.--mar. 1962.

DEBRET, Jean Baptiste. *Viagem pitoresca e histórica ao Brasil.* São Paulo: Martins, 1972, 3 v.

DENIS, Ferdinand. *O Brasil.* Salvador: Livraria Progresso Editora, 1955, 2 v.

EBEL, Ernst. *O Rio de Janeiro e seus arredores em 1824.* São Paulo: Companhia Editora Nacional, 1972.

EWBANK, Thomas. *A vida no Brasil.* Belo Horizonte: Itatiaia, 1976.

FRANÇA, Jean Marcel Carvalho. *Outras visões do Rio de Janeiro colonial*: antologia de textos, 1582-1808. Rio de Janeiro: José Olympio, 2000.

_____. *Viajantes estrangeiros no Rio de Janeiro joanino*: antologia de textos (1809-1818). Rio de Janeiro: José Olympio, 2013.

_____. *Visões do Rio de Janeiro colonial*: antologia de textos, 1531-1800. Rio de Janeiro: Editora UERJ/José Olympio, 1999.

GARDNER, George. *Viagem ao interior do Brasil*, principalmente nas províncias do Norte e nos distritos do ouro e do diamante durante os anos de 1836-1841. Belo Horizonte: Itatiaia, 1975.

GRAHAM, Maria. *Diário de uma viagem ao Brasil.* Belo Horizonte: Itatiaia, 1990.

HOLMAN, James. *A voyage round the world*, including travels in Africa, Asia, Australasia, America, etc. etc. from

MDCCCXXVII to MDCCCXXXII. Londres: Smith, Elder, and Co., Cornhill Booksellers, by appointment, to their majesties, v. 2, 1834.

JACQUEMONT, Victor. *Letters from India*; describing a journey in the British dominions of India, Tibet, Lahore, and Cashmere, during the years 1828, 1829, 1830, 1831. Undertaken by order of the French government. Londres: Edward Churton, 26, Holles Street (late Bull and Churton), v. 1, 1834.

KIDDER, Daniel Parish. *Reminiscências de viagens e permanências no Brasil*, compreendendo notícias históricas e geográficas do Império e das diversas províncias. São Paulo: Martins, v. 2, 1972.

KOTZEBUE, Otto von. *A new voyage round the world*, in the years 1823, 24, 25 and 26. Londres: Henry Colburn and Richard Bentley, New Burlington Street, v. 1, 1830.

LAVRADIO, Marquês do. *Cartas do Rio de Janeiro* (1769-1776). Rio de Janeiro: Arquivo Nacional, 1975.

LEITHOLD, Theodor von; RANGO, Ludwig von. *O Rio de Janeiro visto por dois prussianos em 1819*. São Paulo: Companhia Editora Nacional, 1966.

LITTLE, George. *Life on the ocean*; or twenty years at sea; being the personal adventures of the author. Boston: Charles D. Strong, 1851.

LUCCOCK, John. *Notas sobre o Rio de Janeiro e partes meridionais do Brasil*. Belo Horizonte: Itatiaia, 1975.

MACEDO, Joaquim Manuel de. *As mulheres de mantilha*: romance histórico. São Paulo: Melhoramentos, 1965.

MARTIUS, Carl Friedrich Phillip von. *Frei Apolônio*: um romance do Brasil. São Paulo: Brasiliense, 1992.

MATHISON, Gilbert Farquhar. *Narrative of a visit to Brazil, Chile, Peru, and the sandwich Islands, during the years 1821 and 1822*; with miscellaneous remarks on the past and present state, and political prospects of those countries. Londres: Printed for Charles Knight, Pall Mall East, 1825.

MAWE, John. *Viagens ao interior do Brasil*. Belo Horizonte: Itatiaia, 1978.

PFEIFFER, Ida Laura. *A woman's journey round the world*, from Vienna to Brazil, Chili, Tahiti, China, Hindostan, Persia, and Asia Minor. Londres: Printed by Petter, Duff, and Co. Playhouse Yard, Blackfriers, s/d.

POHL, Johann Emanuel. *Viagem no interior do Brasil*: empreendida nos anos de 1817 à 1821 e publicada por ordem de sua majestade o imperador da Áustria Francisco Primeiro. Rio de Janeiro: INL, v. 1, 1951.

RANGO, Ludwig von; LEITHOLD, Theodor von. *O Rio de Janeiro visto por dois prussianos em 1819*. São Paulo: Companhia Editora Nacional, 1966.

"Relatório do Marques de Lavradio, vice-rei do Rio de Janeiro, entregando o governo a Luiz de Vasconcellos e Sousa, que o sucedeu no vice-reinado". In: *Revista Trimestral de História e Geografia ou Jornal do Instituto Histórico e Geográfico Brasileiro*, v. 16, jan. 1843.

REYNOLDS, Jeremiah. *Voyage of the United States frigate Potomac*, under the command of commodore John Downes, during the circumnavigation of the globe, in the years 1831, 1832m 1833, and 1834; including a particular account of the engagement at Quallah-Battoo, on the coast of

Sumatra; with all the official documents relating to the same. Nova York: Published by Harper & Brothers, n. 82 Cliff-Street, 1835.

ROBERTSON, John Parish; ROBERTSON, William Parish. *Letters on Paraguay*: comprising an account of a four years' residence in that republic, under the government of the dictator Francia. Londres: John Murray, Albemarle Street, v. 1, 1838.

RUGENDAS, Johann Moritz. *Viagem pitoresca através do Brasil*. São Paulo: Martins, 1976.

SAINT-HILAIRE, Auguste de. *Viagem pelas províncias do Rio de Janeiro e Minas Gerais*. Belo Horizonte: Itatiaia, 2000.

_____. *Viagem pelo distrito dos Diamantes e litoral do Brasil*. Belo Horizonte: Itatiaia, 1974.

SANTOS, Luiz Gonçalves dos. *Memórias para servir à história do reino do Brasil*. Rio de Janeiro: Livraria Editora Zelio Valverde, 1943.

SCARLETT, Peter Campbell. *South America and the Pacific*; comprising a journey across the Pampas and the Andes, from Buenos Ayres to Valparaiso, Lima, and Panamá; with remarks upon the Istmus. Londres: Henry Colburn, Publisher, v. 1, 1838.

SCHLICHTHORST, Carl. *O Rio de Janeiro como é*: uma vez e nunca mais. Contribuições de um diário para a história atual, os costumes e especialmente a situação da tropa estrangeira na capital do Brasil. Brasília: Senado Federal, 2000.

SEEMANN, Berthold Carl. *Narrative of the voyage of H M S Herald during the years 1845-51*, under the command of Captain Henry Kellett, R. N., C. B.; being a circumnavigation of the globe, and three cruisers to the Artic regions in search of Sir John Franklin. Londres: Reeve and Co. Henrietta Street, Covent Garden, v. 1, 1853.

SEIDLER, Carl. *Dez anos no Brasil*: eleições sob Dom Pedro I, dissolução do Legislativo, que redundou no destino das tropas estrangeiras e das colônias alemãs no Brasil. Brasília: Senado Federal, 2003.

SPIX, Johann Baptist von; MARTIUS, Carl Friedrich Philipp von. *Viagem pelo Brasil.* São Paulo: Melhoramentos, 1976, 3 v.

STEWART, Charles Samuel. *A visit to the South Seas*, in the U. S. Ship Vincennes, during the years 1829 and 1830; with scenes in Brazil, Peru, Manilla, the Cape of Good Hope, and St. Helena. Nova York: John P. Haven, 142 Nassau Street, Sleight & Robinson, Printers, v. 1, 1831.

SUZANNET, Conde de. *O Brasil em 1845*: semelhanças e diferenças após um século. Rio de Janeiro: Casa do Estudante do Brasil, 1957.

TAYLOR, Fitch Waterman. *A voyage round the world*, and visits to various foreign countries, in the United States Frigate Columbia; attended by her consort the sloop of war John Adams, and commanded by commodore George C. Head. Also including an account of the bombarding and firing of the town of Muckie, on the Malay coast, and the visit of the ships to China during the opium difficulties at Canton, and confinement of the foreigners in that city. New Haven: Published by H. Mansfield; Nova York: D. Appleton & Co., 200 Broadway, v. 1, 1846.

TEMPLE, Edmond. *Travels in various parts of Peru*, including a year's residence in Potosi. Londres: Henry Colburn and Richard Bentley, New Burlington Street, v. 2, 1830.

TOUSSAINT-SAMSON, Adèle. *Uma parisiense no Brasil*. Rio de Janeiro: Capivara, 2003.

VIANA, Paulo Fernandes. "Abreviada demonstração dos trabalhos da Polícia em todo tempo que a serviu o desembargador do paço Paulo Fernandes Viana". In: *Revista do Instituto Histórico e Geográfico Brasileiro*, Rio de Janeiro, tomo 55, parte I, 1892.

WALSH, Robert. *Notices of Brazil in 1828 and 1829*. Londres: Frederick Westley and A. H. Davis, Stationers' Hall Court, v. 1, 1830.

WIED-NEUWIED, Maximiliano de. *Viagem ao Brasil nos anos de 1815 a 1817*. São Paulo: Companhia Editora Nacional, 1940.

WILKES, Charles. *Voyage round the world*, embracing the principal events of the narrative of the United States exploring expedition. Philadelphia: Geo. W. Gorton, 1849.

PERIÓDICOS

Anais Brasilienses de Medicina.

Diário de Saúde ou Efemérides das Ciências Médicas e Naturais do Brasil.

O Patriota, jornal literário, político, mercantil do Rio de Janeiro.

Revista Médica Fluminense.

Semanário de Saúde Pública.

OBRAS DE REFERÊNCIA

ABREU, Maurício de Almeida. *Evolução urbana do Rio de Janeiro*. Rio de Janeiro: Zahar, 1988.

ALENCASTRO, Luiz Felipe de. "Vida privada e ordem privada no Império". In: NOVAIS, Fernando Antonio. (coord.); ALENCASTRO, Luiz Felipe de. (org.). *História da vida privada no Brasil*: Império. São Paulo: Companhia das Letras, 1997.

ALGRANTI, Leila Mezan. *D. João VI*: os bastidores da independência. São Paulo: Ática, 1987.

_____. "Famílias e vida doméstica". In: NOVAIS, Fernando Antonio. (coord.); SOUZA, Laura de Mello e. (org.). *História da vida privada no Brasil*: cotidiano e vida privada na América portuguesa. São Paulo: Companhia das Letras, 1997.

ARAÚJO, Elysio de. *Estudo histórico sobre a polícia da capital federal de 1808 a 1831*. Rio de Janeiro: Imprensa Nacional, 1898.

BARREIRO, José Carlos. *Imaginário e viajantes do século XIX*: cultura e cotidiano, tradição e resistência. São Paulo: Editora Unesp, 2004.

BARRETO FILHO, Mello; LIMA, Hermeto. *História da polícia do Rio de Janeiro*: aspectos da cidade e da vida carioca (1565-1831). Rio de Janeiro: Editora S. A. A Noite, 1939.

BELLUZZO, Ana Maria de Moraes. *O Brasil dos Viajantes*. São Paulo: Metalivros, 1995, 3 vols.

BERGER, Paulo. *Bibliografia do Rio de Janeiro de Viajantes e Autores Estrangeiros* (1531-1900). Rio de Janeiro: Livraria São José, 1964.

BICALHO, Maria Fernanda. *A cidade e o império*: o Rio de Janeiro no século XVIII. Rio de Janeiro: Civilização Brasileira, 2003.

BRESCIANI, Stella. "Apresentação". In: PECHMAN, Robert Moses. *Cidades estreitamente vigiadas*: o detetive e o urbanista. Rio de Janeiro: Casa da Palavra, 2002.

_____. *Londres e Paris no século XIX*: o espetáculo da pobreza. São Paulo: Brasiliense, 1982.

CAMPOS, Pedro Moacyr. "Imagens do Brasil no Velho Mundo". In: HOLANDA, Sérgio Buarque de. (dir.). *História geral da civilização brasileira*: o Brasil monárquico. São Paulo: Difusão Européia do Livro, tomo II, v. 1, 1965.

CANDIDO, Antonio. *Formação da literatura brasileira*: momentos decisivos. Belo Horizonte: Itatiaia, 1981.

CARELLI, Mario. *Culturas cruzadas*: intercâmbios culturais ente França e Brasil. Campinas: Papirus, 1994.

CARVALHO, José Murilo de. *A construção da ordem*: a elite política imperial. *Teatro de sombras*: a política imperial. Rio de Janeiro: Civilização Brasileira, 2010.

CARVALHO, Marieta Pinheiro de. *Uma ideia de cidade ilustrada*: as transformações urbanas da nova corte portuguesa. 2003. Dissertação (Mestrado em História) – Universidade Estadual do Rio de Janeiro, Rio de Janeiro, 2003.

CAVALCANTI, Nireu. *O Rio de Janeiro Setecentista*: a vida e a construção da cidade da invasão francesa até a chegada da Corte. Rio de janeiro: Zahar, 2004.

CHARTIER, Roger. *À beira da falésia*: a história entre certezas e inquietude. Porto Alegre: Editora UFRGS, 2002.

COSTA, Emília Viotti da. *Da monarquia à república*: momentos decisivos. São Paulo: Editora Unesp, 2007.

COSTA, Jurandir Freire. *Ordem médica e norma familiar*. Rio de Janeiro: Graal, 2004.

CRULS, Gastão. *Aparência do Rio de Janeiro*: notícia histórica e descritiva da cidade. Rio de Janeiro: José Olympio, v. 1, 1965.

DIAS, Maria Odília Leite da Silva. *A interiorização da metrópole e outros estudos*. São Paulo: Alameda, 2005.

EDMUNDO, Luiz. *A Corte de D João VI no Rio de Janeiro* (1808-1821). Rio de Janeiro: Imprensa Nacional, 1940.

_____. *O Rio de Janeiro no tempo dos vice-reis*. Rio de Janeiro: Aurora, 1951, 2 v.

ELIAS, Norbert. *O processo civilizador*: uma história dos costumes. Rio de Janeiro: Zahar, 1990.

ENGEL, Magali. *Meretrizes e doutores*: saber médico e prostituição no Rio de Janeiro (1840-1890). São Paulo: Brasiliense, 2004.

FOUCAULT, Michel. *A arqueologia do saber*. Petrópolis: Vozes, 1972.

_____. *A ordem do discurso*. Aula inaugural no Collège de France, pronunciada em 2 de dezembro de 1970. São Paulo: Loyola, 2007.

_____. *Microfísica do poder*. Rio de Janeiro: Graal, 1979.

FRANÇA, Jean Marcel Carvalho. *A construção do Brasil na literatura de viagem nos séculos XVI, XVII e XVIII*. Rio de Janeiro: José Olympio; São Paulo: Editora Unesp, 2012.

_____. *A higienização do povo*: medicina social e alienismo no Rio de Janeiro oitocentista. Dissertação (Mestrado em Sociologia) – Faculdade de Filosofia e Ciências Humanas, Universidade Federal de Minas Gerais, Belo Horizonte, 1990.

_____. *Literatura e sociedade no Rio de Janeiro oitocentista.* Lisboa: Imprensa Nacional-Casa da Moeda, 1999.

_____. "O mundo natural e o erotismo das gentes no Brasil Colônia: a perspectiva do estrangeiro". In: *Revista Topoi*, v. 11, n. 20, jan.-jun. 2010.

FREYRE, Gilberto. *Casa-grande & senzala*: formação da família brasileira sob o regime da economia patriarcal. São Paulo: Global, 2005.

_____. *Sobrados e mucambos*: decadência do patriarcado rural e desenvolvimento do urbano. São Paulo: Global, 2004.

GUICCI, Guillermo. *Viajantes do maravilhoso*: o Novo Mundo. São Paulo: Companhia das Letras, 1992.

HOLANDA, Sérgio Buarque de. "A herança colonial – sua desagregação". In: _____. (dir.). *História geral da civilização brasileira*: o Brasil monárquico. São Paulo: Difusão Européia do Livro, tomo II, v. 1, 1965.

_____. *Raízes do Brasil*. São Paulo: Companhia das Letras, 2005.

_____. *Visão do paraíso*. São Paulo: Brasiliense, 2002.

HOLLOWAY, Thomas. *Polícia no Rio de Janeiro*: repressão e resistência numa cidade do século XIX. Rio de Janeiro: Editora FGV, 1997.

KURY, Lorelai. "Viajantes naturalistas no Brasil oitocentista: experiência, relato e imagem". In: *História, Ciências e Saúde – Maguinhos*, v. VIII (suplemento), 2001, p. 863-880.

LEITÃO, Candido de Mello. *História das expedições cientificas no Brasil*. São Paulo: Brasiliana, 1941.

LEITE, Miriam Lifchitz Moreira. *Livros de viagem* (1803-1900). Rio de Janeiro: Editora UFRJ, 1997.

_____. "Naturalistas viajantes". In: *História, Ciências e Saúde - Maguinhos*, nov. 1994 - fev. 1995, p. 7-19.

LIMA, Oliveira. *D. João VI no Brasil*. Rio de Janeiro: Topbooks, 1996.

LISBOA, Karen Macknow. *A nova Atlântida de Spix e Martius*: natureza e civilização na Viagem pelo Brasil (1817-1820). São Paulo: Hucitec, 1997.

MACEDO, Roberto. *Paulo Fernandes Viana*: administração do primeiro Intendente Geral da Polícia. Rio de Janeiro: Serviço de Documentação do Departamento Administrativo do Serviço Público, 1956.

MACHADO, Lourival Gomes. "Política e administração sob os últimos vice-reis". In: HOLANDA, Sergio Buarque de (dir.). *História geral da civilização brasileira*: a época colonial. São Paulo: Difusão Europeia do Livro, tomo I, v. 2, 1960.

MACHADO, Roberto *et al*. *Danação da norma*: medicina social e constituição da psiquiatria no Brasil. Rio de Janeiro: Graal, 1978.

MALERBA, Jurandir. *A corte no exílio*: civilização e poder no Brasil às vésperas da independência (1808 a 1821). São Paulo: Companhia das Letras, 2000.

_____. "Sobre o tamanho da comitiva". In: FLECK, Eliane Cristina Deckmann; SCOTT, Ana Silvia Volpi (Org.). *A corte no Brasil*: população e sociedade no Brasil e em Portugal no início do século XIX. São Leopoldo: Oikos/ Editora Unisinos, 2008.

MARQUES, Vera Regina Beltrão. *Natureza em boiões:* medicinas e boticários no Brasil setecentista. Campinas, SP: Editora da Unicamp/Centro de Memória-Unicamp, 1999.

MARTINS, Luciana de Lima. *O Rio de Janeiro dos viajantes:* o olhar britânico (1800-1850). Rio de Janeiro: Zahar, 2001.

MATTOS, Ilmar Rohloff de. *O tempo saquarema.* São Paulo: Hucitec, 2004.

MESGRAVIS, Laima. *Viajante e a cidade:* a vida no Rio de Janeiro através dos viajantes da primeira metade do século XIX. Tese (Livre-docência) - Universidade de São Paulo, São Paulo, 1987.

MINDLIN, José. "Viajantes no Brasil: viagem em torno de meus livros". In: *Revista de Estudos Históricos,* Rio de Janeiro, v. 4, n. 7, 1991, p. 35-54.

NARO, Nancy; NEDER, Gizlene; SILVA, José Luiz Werneck da. *A polícia na Corte e no Distrito Federal.* Rio de Janeiro: Pontifícia Universidade Católica, 1981.

NAVA, Pedro. *Capítulos da história da medicina no Brasil.* São Paulo: Oficina do Livro Rubens Borba de Moraes, 2003.

NAXARA, Márcia Regina Capelari. *Cientificismo e sensibilidade romântica:* em busca de um sentido interpretativo para o Brasil do século XIX. Brasília: Editora UnB, 2004.

NEVES, Lúcia Maria Bastos Pereira das; Machado, Humberto. *O Império do Brasil.* Rio de Janeiro: Nova Fronteira, 1999.

NIETZSCHE, Friedrich Wilhelm. *Aurora:* reflexões sobre os preceitos morais. São Paulo: Companhia das Letras, 2004.

NORTON, Luiz. *A Corte de Portugal no Brasil.* São Paulo: Companhia Editora Nacional, 1938.

O'GORMAN, Edmundo. *La invención de América*: el universalismo de la cultura de occidente. México: Fondo de Cultura Económica, 1958.

PECHMAN, Robert Moses. *Cidades estreitamente vigiadas*: o detetive e o urbanista. Rio de Janeiro: Casa da Palavra, 2002.

PEDREIRA, Jorge; COSTA, Fernando Dores. *D. João VI*: um príncipe entre dois continentes. São Paulo: Companhia das Letras, 2008.

PINHO, José Wanderley de Araújo. *A Abertura dos Portos*. Salvador: UFB, 1961.

PIZARRO E ARAÚJO, José de Souza Azevedo. *Memórias históricas do Rio de Janeiro*. Rio de Janeiro: Imprensa Nacional, v. 7, 1948.

PRATT, Mary Louise. *Os Olhos do Império*. Bauru: Edusc, 1999.

RIBEIRO, Lourival. *Medicina no Brasil colonial*. Rio de Janeiro: GB, 1971.

_____. *O barão de Lavradio e a higiene do Rio de Janeiro*. Belo Horizonte: Itatiaia, 1992.

RIBEIRO, Márcia Moisés. *A ciência dos trópicos*: a arte médica no Brasil do século XVIII. São Paulo: Hucitec, 1997.

RIOS FILHO, Adolfo Morales de los. *O Rio de Janeiro imperial*. Rio de Janeiro: Topbooks, 2000.

ROSEN, George. *Da polícia médica à medicina social*. Rio de Janeiro: Graal, 1979.

SALEM, Marcos David. *História da polícia no Rio de Janeiro – 1808 a 1930*: uma instituição a serviço das classes dominantes. Rio de Janeiro: Lumen Juris, 2007.

SALLES, Pedro. *História da medicina no Brasil*. Belo Horizonte: G. Holman, 1971.

SAMPAIO, Gabriela dos Reis. *Nas trincheiras da cura*: as diferentes medicinas no Rio de Janeiro imperial. Campinas: Editora da Unicamp, 2001.

SANTOS, Afonso Carlos Marques dos. "Da colonização à Europa possível, as dimensões da contradição". In: *Uma cidade em questão I*: Grandjean de Montigny e o Rio de Janeiro. Rio de Janeiro: PUC/Funarte, 1979.

SANTOS FILHO, Lycurgo. *História da medicina no Brasil*: do século XVI ao século XIX. São Paulo: Brasiliense, v. 1, 1947.

_____. "Medicina colonial". In: HOLANDA, Sergio Buarque de (dir.). *História geral da civilização brasileira*: a época colonial. São Paulo: Difusão Européia do Livro, tomo I, v. 2, 1960.

SCHULTZ, Kirsten. *Versalhes tropical*: império, monarquia e a Corte real portuguesa no Rio de Janeiro. São Paulo: Civilização Brasileira, 2008.

SCHWARCZ, Lilia Moritz. *As barbas do imperador*: D. Pedro II, um monarca nos trópicos. São Paulo: Companhia das Letras, 1998.

SCHWARCZ, Lilia Moritz; AZEVEDO, Paulo Cesar de; COSTA, Angela Marques da. *A longa viagem da biblioteca dos reis*: do terremoto de Lisboa à independência do Brasil. São Paulo: Companhia das Letras, 2002,

SILVA, Maria Beatriz Nizza da. "A Intendência-Geral da Polícia: 1808-1821". In: *Acervo*: Revista do Arquivo Nacional, Rio de Janeiro, v. 1, n° 2, julho-dezembro, 1986.

_____. *Cultura e sociedade no Rio de Janeiro* (1808-1821). São Paulo: Companhia Editora Nacional, 1978.

_____. *Vida privada e quotidiano no Brasil*: na época de D. Maria I e D. João VI. Lisboa: Referência/Editorial Estampa, 1993.

SILVA, Wilton Carlos Lima da. *As terras inventadas*: discurso e natureza em Jean de Léry, André João Antonil e Richard Francis Burton. São Paulo: Editora Unesp, 2003.

SINGER, Paul et al. *Prevenir e Curar*: o controle social através dos serviços de saúde. Rio de Janeiro: Forense Universitária, 1978.

SLEMIAN, Andréa. *Vida política em tempo de crise*: Rio de Janeiro (1808-1824). São Paulo: Hucitec, 2006.

STAROBINSKI, Jean. *As máscaras da civilização*: ensaios. São Paulo: Companhia das Letras, 2001.

SÜSSEKIND, Flora. *O Brasil não é longe daqui*: o narrador, a viagem. São Paulo: Companhia das Letras, 1990.

VEYNE, Paul. *Como se escreve a história; Foucault revoluciona a história*. Brasília: Editora UnB, 1998.

WILCKEN, Patrick. *Império à deriva*: a Corte portuguesa no Rio de Janeiro (1808-1821). Rio de Janeiro: Objetiva, 2005.

Esta obra foi impressa em São Paulo pela Gráfica Vida e Consciência no outono de 2015. No texto, foi utilizada a fonte Leitura em corpo 10,5 e entrelinha de 15 pontos.